Forschungsschwerpunkt Moderner Orient
Förderungsgesellschaft Wissenschaftliche Neuvorhaben mbH

Henner Fürtig

Demokratie in Saudi-Arabien?

Die Āl Saᶜūd und die Folgen des zweiten Golfkrieges

Arbeitshefte 6

Verlag Das Arabische Buch

Die Deutsche Bibliothek - CIP-Einheitsaufnahme

Fürtig, Henner
Demokratie in Saudi-Arabien? Die Āl Saʿūd und die Folgen des zweiten Golfkrieges
Henner Fürtig. - Berlin: Verl. Das Arabische Buch, 1995
(Arbeitshefte / Forschungsschwerpunkt Moderner Orient, Förderungsgesellschaft Wissenschaftliche Neuvorhaben mbH; Nr. 6)
ISBN 3-86093-076-1
NE: Förderungsgesellschaft Wissenschaftliche Neuvorhaben <München> / Forschungsschwerpunkt Moderner Orient: Arbeitshefte

Forschungsschwerpunkt Moderner Orient
Förderungsgesellschaft Wissenschaftliche Neuvorhaben mbH

Kommissarischer Leiter:
Prof. Dr. Peter Heine

Prenzlauer Promenade 149-152
13189 Berlin
Tel. 030 / 4797319

ISBN 3-86093-076-1
ARBEITSHEFTE

Bestellungen:
Das Arabische Buch
Horstweg 2
14059 Berlin
Tel. 030 / 3228523

Redaktion und Satz: Margret Liepach, Helga Reher

Druck: Druckerei Weinert, Berlin
Printed in Germany 1995

Inhalt

Saudi-Arabien nach der Kuweitkrise	5
Die politische Lage	5
Grundzüge der wirtschaftlichen Situation	10
Die Auseinandersetzung um den zukünftigen Entwicklungsweg	15
Die Geistlichkeit	15
Regimetreue ʿulamā	15
Islamistische Strömungen	25
Das "liberale" Lager	32
Die privaten Unternehmer	32
Die Mittelschichten	38
Die "Liberalen" und der zweite Golfkrieg	44
Das Herrscherhaus	47
Die Konzeption König Fahds	47
Ultrakonservative Gegenspieler	52
Die "jungen" Prinzen	56
Hauptneuerungen in den königlichen Dekreten vom 1. März 1992	59
Das "Grundsystem der Herrschaft"(an-niẓām al-asāsī li'l-ḥukm)	59
Der Konsultativrat (maǧlis aš-šūrā)	62
Das Provinzsystem (niẓām al-manāṭiq)	63
Fazit	68
Anmerkungen	72
Auswahlbibliographie	81

Anhang

Dekret über das Grundsystem der Herrschaft	86
Dekret über die Schaffung des Konsultativrates	94
Die Mitglieder des Konsultativrates	98
Dekret über das Provinzsystem	99
Durchführungsbestimmungen für das Provinzsystem	101
Ergänzungen zum Provinzsystem	105
Protestnote des Hohen Rates der ʿulamā gegenüber der Petition der Geistlichkeit	106

Saudi-Arabien nach der Kuweitkrise

Die politische Lage

Spätestens seit dem Siegeszug des Erdöls als eines der strategisch wichtigsten Rohstoffe nach dem zweiten Weltkrieg bildete die Stabilität Saudi-Arabiens als des bedeutendsten arabischen Erdölexporteurs eine Konstante in den prognostischen Überlegungen der Verbraucherländer. Überwog in den Hauptstädten des Westens in den fünfziger und sechziger Jahren noch die Sorge vor einem Triumph linker, nationalistischer Kräfte, so wich diese nach der forcierten Modernisierung des Landes unter König Faiṣal der Befürchtung, die Herrschaft der Āl Saᶜūd werde die Zerreißprobe zwischen konservativem, puritanisch-sunnitischem Wertebewußtsein der Bevölkerungsmehrheit und den zwingenden Erfordernissen sozialökonomischer Umgestaltungen nicht standhalten.

In der Tat agieren die staatstragenden Kräfte Saudi-Arabiens seit Anfang der siebziger Jahre beständig in einem Spektrum, dessen Pole einerseits von wahhabitischen Eiferern, denen jegliche Neuerung ein Sakrileg bedeutet, und andererseits von liberalen Erneuerern, die der entstandenen modernen ökonomischen Infrastruktur auch adäquate politische Strukturen zuordnen wollen, gebildet werden. Beide Pole beließen es nicht bei verbalen Attacken.

Die Besetzung der Großen Moschee von Mekka 1979 kann als bisheriger Höhepunkt des Wirkens der erstgenannten Komponente gelten, aber auch Kräfte der letztgenannten machten verschiedentlich mit Putschversuchen auf sich aufmerksam. Insgesamt überwog jedoch die Kraft der Mitte.

Von vielen Analytikern im Westen häufig des Obskurantismus verdächtigt und schon mehrfach dem "Kehrichthaufen" der Geschichte überantwortet, strafte die fortbestehende Herrschaft der Āl Saᶜūd diese Analysen hingegen fortgesetzt Lügen. Die Fakten vermitteln ein weitaus differenzierteres Bild. Das Herrschaftsmodell des Staatsgründers Ibn Saᶜūd erwies sich als überraschend lebensfähig, da es auf weitsichtige Weise den sozialen, politischen und ökonomischen Gegebenheiten Saudi-Arabiens Rechnung trug. Seit 1932, dem Gründungsjahr des saudiarabischen Staates, fußt das System auf vier tragenden Säulen:

Die erste und wichtigste wird vom König und seiner Familie gebildet. Der Monarch verkörpert die höchste Autorität des Landes und auch der Āl Saᶜūd. Staatsgründer Ibn Saᶜūd kreierte ein Modell der Thronfolge, das bis in die Gegenwart ernsthafte Erschütterungen des Systems vermied. Mehrere tausend Prinzen gewährleisten eine Präsenz der Herrscherfamilie in allen staatstragenden Institutionen.

Die zweite Säule wird von der Geistlichkeit verkörpert. Seit der Allianz zwischen Dynastiegründer Muḥammad ibn Saᶜūd und dem hanbalitischen Reformator Muḥammad ibn ᶜAbd al-Wahhāb 1744 stützen die Spitzen der Geistlichkeit die Herrschaft der Āl Saᶜūd zum gegenseitigen Nutzen. Sie sind zwar kaum in die tagtägliche Regierungspolitik involviert, bestimmen aber wichtige

Inhalte der Gesetzgebung und wachen aufmerksam über die Einhaltung der wahhabitischen Normen.

Die dritte Säule fußt auf den wichtigsten Stämmen des Landes. Obwohl im Saudi-Arabien unserer Tage alle Accessoirs des High-Tech-Zeitalters zu finden sind, folgt das alltägliche Leben der Bevölkerung doch noch mehrheitlich - wenn auch abgewandelten - jahrhundertealten Stammestraditionen. Es zählt zu den Glanzlichtern im Lebenswerk von Ibn Saᶜūd, sich der Unterstützung der bedeutendsten Stämme des Landes versichert zu haben.

Die vierte und modernste Säule bildet der Ministerrat. Ibn Saᶜūd kam noch ohne bzw. mit wenigen Ministern aus, Saᶜūd, Faiṣal, H̬ālid und Fahd formten nach und nach eine Regierung, die dem ungleich größeren Aufkommen an administrativen Erfordernissen eines sich rasch modernisierenden Staatswesens besser entsprach. Gleichzeitig wurden durch die Mitarbeit in den Ministerien, den Regierungskanzleien und in den Subalternbehörden auch soziale Kräfte inkorporiert, die ursprünglich nicht zum herrschenden Establishment gehörten, deren Wohlverhalten und Kooperation aber in dem Maße vitaler wurde, wie das Land auf dem Weg der Modernisierung vorankam.

Natürlich löste auch die Inkorporierung weiterer Teile des politischen Spektrums des Landes in die herrschende Elite das Grundproblem der Legitimität nicht. Die Āl Saᶜūd propagieren sich als verläßliche Hüter der Heiligsten Stätten des Islam, sie vervollkommnen außerdem stetig das traditionelle Prinzip des Konsenses.[1] Das eigentliche Dilemma besteht allerdings darin, daß nur ein verschwindend geringer Teil der erwachsenen Bevölkerung Saudi-Arabiens in den Prozeß der Konsensbildung einbezogen wird und dieses Prinzip daher die legitimatorische Wirkung freier Wahlen und gewählter Repräsentanten auf Dauer kaum ersetzen kann.

Je komplexer und differenzierter die saudiarabische Gesellschaftsstruktur im Zuge der Modernisierung gerät, je beschwerlicher wird die stetige Suche nach Konsens, denn wenn die Übereinstimmung nicht zustande kommt, wird die Entscheidung vertagt und Handlungen unterbleiben. Mag das seit 1952 verbriefte Recht jedes Untertanen, seine Vorstellungen dem Monarchen direkt zu Gehör zu bringen, in den Regierungsjahren Ibn Saᶜūds noch einigen Druck von den Regierenden genommen haben, so erweist es sich in der Gegenwart - trotz formalen Fortbestehens - als unpraktikabel.

Die Legitimitätskrise der Āl Saᶜūd-Herrschaft vertiefte sich deshalb mit jedem Jahr, das verstrich, ohne daß die Könige Änderungen am Gewohnten zuließen. Es darf als sicher gelten, daß die seit 1973 vervielfachten Einnahmen aus dem Erdölexport ein entscheidendes Instrument darstellten, mit dem sich latent formierender Widerstand "aufgekauft" und pazifiert wurde. Möglicherweise verführte die wohlstandsbedingte innere Ruhe in Saudi-Arabien einige ausländische Beobachter dazu, der einheimischen Opposition im Verlauf der Jahre immer geringere Erfolgsaussichten zuzubilligen.

> "... there has never been the large grant smell of public opposition that, for example, marked the downfall of the Shah. Barring a major *externally* caused crisis, therefore, it is difficult to imagine an internal threat to the regime in the 1990s with more than a remote chance of success."[2]

Spekulationen über das Beharrungsvermögen der Āl Saᶜūd ohne äußere Bedrohung wurden jedoch in dem Maße obsolet, wie die apostrophierte äußere Krise in Gestalt des zweiten Golfkrieges Realität annahm.

Und tatsächlich, der irakische Einmarsch in den Nachbarstaat Kuweit und die existentielle Bedrohung Saudi-Arabiens bewirkten eine tiefergehende Infragestellung wesentlicher Elemente des saudiarabischen Selbstverständnisses.

Am 2. August 1990 fühlten sich die Sicherheit gewohnten Staatsbürger Saudi-Arabiens von ihrer Regierung verlassen. Jahrelang hatten sie die wohltuenden Aspekte des "goldenen Käfigs" genossen, jetzt wurden sie schlagartig mit der Kehrseite - der Entmündigung - konfrontiert. Angesichts der massiven äußeren Bedrohung, die in das Leben jedes einzelnen ebenso einzugreifen vermochte wie in das der Nachbarn jenseits der kuweitischen Grenze, versagte ihnen die Regierung jede seriöse Information und Stellungnahme. In den ersten vier Tagen nach der irakischen Invasion in Kuweit wurde diese Tatsache in den saudiarabischen Medien de facto verschwiegen, der (Landes)vater enthielt seinen unmündigen "Kindern" unangenehme Wahrheiten vor. Am fünften Tag erwähnten einige hauptstädtische Zeitungen "a disturbing episode in Kuwait"[3]. Mangels verläßlicher Informationen fanden Gerüchte rasch Verbreitung, machten sich erste Anzeichen einer Panik bemerkbar.

Jetzt erst lockerte König Fahd die Pressezensur. Auf eine wohlwollende Weltpresse bedacht, vergab seine Regierung Hunderte von Akkreditierungen für die Ostprovinz, die Hauptstadt ar-Riyāḍ und Ẓahrān am Roten Meer. Im Sog der internationalen Medien setzte auch die saudiarabische Presse einige Freiheiten durch. Ihre Übernahme internationaler Agenturmeldungen vermochte die Diskussion grundlegender Probleme der weiteren Entwicklung Saudi-Arabiens unter der Bevölkerung aber nicht mehr zu stoppen.

Warum mußten die USA umgehend um militärische Hilfe gebeten werden? Warum umfaßte die Armee eines so großen Landes wie Saudi-Arabien nur 50 000 bis 65 000 Soldaten und war offensichtlich unfähig, das Land allein zu verteidigen? Waren die Abermilliarden an Rüstungsimporten umsonst? Ist das saudische Schwert nutzlos ohne den amerikanischen Schild? Zeigt sich sogar die gesamte arabische Welt, die auch das Herz der islamischen Welt bildet, außerstande, ihre Souveränität ohne westliche Hilfe zu bewahren?[4] Bei diesen bohrenden Fragen blieb es nicht.

Einmal ausgelöst, berührte der Prozeß der Infragestellung bald auch die gesellschaftliche Verfassung Saudi-Arabiens. Die Kritik ging selten so weit, das Recht der Āl Saᶜūd auf Herrschaft generell in Frage zu stellen. Aber die Bürger forderten im vertrauten Kreis einen König, der die ausufernde Korruption glaubhaft bekämpft, der die Sorgen und Befürchtungen seiner Untertanen ernst nimmt. Das Fehlen von geeigneten Plattformen und Strukturen - Parteien, gesellschaftliche Organisationen, Gewerkschaften - machte sich besonders deutlich bemerkbar. Daraus entstand rasch die einigende Forderung nach einem höheren Maß an Partizipation, an Entscheidungsbeteiligung und Berechenbarkeit der Herrschenden. Die Debatte um die Zukunft des Königreiches erfaßte die unterschiedlichsten Bevölkerungsschichten, Geistliche, Kaufleute, Industrielle, Handwerker und Militärs. Die Bürger begrüßten die ungewohnten Freiheiten. Für viele von ihnen bedeutete schon die Debatte an sich den ersten Schritt auf dem Weg der politischen Liberalisierung.

Gleichzeitig rissen die leidenschaftlichen Diskussionen aber auch alte Gräben auf, die die Königsfamilie über Jahre und Jahrzehnte zu überdecken und auszugleichen versucht hatte. Partizipation, Reform, Wandel hießen zwar die obengenannten gemeinsamen Schlüsselbegriffe, aber religiöse Aktivisten und liberale Technokraten, Akademiker und Geschäftsleute verbanden damit diametral entgegengesetzte Inhalte.

Um ein Entgleiten der Debatte zu vermeiden, ging König Fahd Ende 1990 in die Offensive. Im November trat er mit der überraschenden Nachricht an die Öffentlichkeit, in Saudi-Arabien in Kürze einen Konsultativrat (maǧlis aš-šūrā) zu etablieren und ein Grundgesetz, ein "Grundsystem der Herrschaft" (an-niẓām al-asāsī li'l-ḥukm) vorzustellen. Nur Monate zuvor hatte die saudiarabische Regierung noch ihr Mißfallen gegenüber einer Wiederbelebung des Parlamentarismus in Kuweit nach der angestrebten Befreiung kundgetan,[5] nachdem sie zuvor schon jahrelang die kuweitischen Behauptungen hinsichtlich der Überlegenheit ihrer parlamentarischen und demokratischen Erfahrungen intern kritisiert hatte.[6] Aber im Oktober 1990 übernahm die saudiarabische Regierung immerhin die Gastgeberrolle für 600 prominente kuweitische Delegierte, die in aṭ-Ṭā'if mit ihrem exilierten Emir Ǧābir Āl aṣ-Ṣabāḥ eben jene Revitalisierung des 1986 aufgelösten Parlaments in Kuweit beraten wollten. Trotzdem blieb die Ankündigung eine Überraschung. Sollte sich damit der "Königsweg" abzeichnen, um der überbordenden Debatte in Saudi-Arabien die Schärfe zu nehmen?

Viele Bürger begrüßten den Fakt, daß der König auf ihre Vorhaltungen adäquat reagiert hatte. Andere zeigten sich skeptischer. Sie verwiesen darauf, daß das Königshaus schon in Krisensituationen der Vergangenheit Zuflucht zu der Ankündigung genommen hatte, einen Konsultativrat einzuführen und ein Grundgesetz zu verabschieden, ohne das Versprechen je einzulösen. Sie erinnerten daran, daß schon König Ibn Saʿūd 1926 einen Konsultativrat eingerichtet habe, der als Instanz formal fortbestand, aber stets zur Inaktivität verdammt blieb.[7] Außerdem erhielt Saudi-Arabien seit seiner Gründung nie eine schriftliche Verfassung. "Dustūr" (Verfassung) ist als Kategorie heftig umstritten. Entsprechend der wahhabitischen Lesart des Islam ist der Koran die unumstößliche, ewige Verfassung, die keiner Ergänzung bedarf. Nur der Ḥiǧāz besaß aufgrund seiner Bedeutung für das Königreich und der besonderen

Bedingungen seiner Eingliederung bis in die dreißiger Jahre schriftlich fixierte Sonderbedingungen, die auch das Bestehen eines Konsultativ- und eines Abgeordnetenrates einschlossen.

Wieder andere riefen die Jahre 1958 und 1960 und die Auseinandersetzung zwischen Saᶜūd und Faiṣal in Erinnerung, in der letzterer ähnliche Zusagen gemacht hätte.[8] 1962 habe Faiṣal das Versprechen erneuert. Immerhin befand sich Saudi-Arabien damals ebenfalls in einer akuten äußeren Bedrohungssituation. Mit revolutionärer Verve drängten die jungen, nationalistischen, panarabischen Regimes in umliegenden arabischen Staaten - allen voran Ägypten unter seinem charismatischen Präsidenten Nāṣir - auf den Sturz der "reaktionären Monarchien am Golf". Ägyptische Truppen griffen in den jemenitischen Bürgerkrieg ein und drohten mit einer Ausweitung der Kampfhandlungen auf saudiarabisches Territorium. Allerdings, so erinnerten sich Zeitgenossen, habe Faiṣal schon 1963 während eines USA-Besuchs gegenüber Präsident Kennedy behauptet, Saudi-Arabien sei bereits eine konstitutionelle Monarchie, da die šarīᶜa die unumstößliche Verfassung des Landes darstelle - ein Rückzug par excellence!

Auch 1970 (nach dem Putschversuch und den Säuberungen von 1969), 1975 (nach der Ermordung König Faiṣals) und 1979 (nach der Besetzung der Großen Moschee in Mekka) seien aus dem Königshaus jeweils Ankündigungen über die umgehende Gestaltung eines Grundgesetzes und die Einrichtung eines Konsultativrates ergangen. Am 18. März 1980 habe König Ḫālid sogar Innenminister Prinz Nāyif aufgefordert, ein Komitee mit der Aufgabe zu bilden, "to complete the drafting of the Basic Rules and a blueprint for a Consultative Assembly"[9].

Obwohl die saudiarabische Presse die Nachricht einige Tage lang intensiv diskutierte, verlief sie auf allerhöchstes Geheiß schließlich wieder im Sande, nur um 1982 (nach dem Tod König Ḫālids) kurzzeitig erneut auf die Tagesordnung gesetzt zu werden. "Each time the immediate crisis passed, the promise was shelved, only to be reiterated during the next crisis..."[10]

Die Kritiker erinnerten daran, daß das letzte Versprechen 1982 immerhin von König Fahd selbst abgegeben worden sei, ohne daß er sich daran gehalten habe. Noch im Dezember 1984 habe er gegenüber einer - ausländischen(!) - Zeitung, der Sunday Times, die Zusage erneuert und gleichzeitig eine Frist von drei Monaten für ihre Realisierung angekündigt. "King Fahd seems prone to bouts of amnesia when it comes to promises of political reform, said one Saudi businessman."[11] Verdiente der Monarch dieses Mal trotzdem Vertrauen?

Die Frage übergeht den Umstand, daß Fahd - entgegen allem Anschein - nicht alleiniger Herr seiner Entschlüsse ist, sondern auf Konsensbildung angewiesen bleibt. Nach dem Tod Ibn Saᶜūds nahmen kollektive Aspekte der Staatsführung zu, eine Abstimmung mit den engsten Familienmitgliedern und den höchsten geistlichen Würdenträgern wurde mehr denn je unabdingbar. Damit verstärkten sich zwar stabilisatorische Aspekte, aber selbst dringliche

Entscheidungen konnten häufig nicht getroffen werden. N. Safran bezeichnete diesen Tatbestand als ein für das Saudi-Arabien der Gegenwart typisches Syndrom.[12]

Es darf außerdem unterstellt werden, daß Fahd in dieser Frage keine unüberbrückbaren Meinungsunterschiede von seiner Familie trennten. Deshalb ließ er sich nach dem 28. Februar 1991, dem Tag des Waffenstillstandes im zweiten Golfkrieg, auch erwartungsgemäß wieder viel Zeit bei der Umsetzung dieser Ankündigung. Alles deutete darauf hin, daß die Āl Saʿūd erneut versuchten, den Status quo ante stillschweigend wiederherzustellen.

Schon zuvor hatte Innenminister Nāyif demonstrativ damit gedroht, daß die Regierung nicht länger gewillt sei, öffentliche Unruhe hinzunehmen. Am 5. Februar 1991 lobte er eine Million Rial für Angaben über Personen aus, die die Staatssicherheit gefährdeten.[13]

Es beweist den außergewöhnlichen Charakter der Bedrohung des saudiarabischen Regimes durch die Nachwehen des zweiten Golfkrieges, daß dem Königshaus im Frühjahr 1991 der Erfolg bei dem Versuch, den Vorkriegszustand wiederherzustellen, versagt blieb. Die Reformideen hatten zu große Teile der Bevölkerung erfaßt und Tiefenwirkung hinterlassen. Selbst Repressionsdrohungen fruchteten nur wenig, sondern waren im Gegenteil dazu angetan, die politische Situation weiter zuzuspitzen.

Im März 1991 sah sich Fahd jedenfalls veranlaßt, sein im November des Vorjahres abgegebenes Versprechen zu bekräftigen. Innerhalb von sechs Monaten sollte nun definitiv ein Konsultativrat gebildet werden. Nachdem zunächst ein Personalumfang von zehn Mitgliedern vorgesehen war, kristallisierte sich bis zum Sommer 1991 eine Besetzung mit sechzig Personen heraus. Mitte September 1991 ernannte Fahd seinen Justizminister Muḥammad ibn Ǧubair zum Vorsitzenden des immer noch nicht existierenden Rates. Damit war nur eine "kosmetische" Aufwertung der ansonsten verstrichenen Sechsmonatsfrist erfolgt. Der Monarch entschuldigte sich mit dem Umstand, daß er an 2000 hervorragende Persönlichkeiten Saudi-Arabiens Schreiben mit der Bitte gesandt habe, ihm geeignete Personen für den Konsultativrat zu empfehlen. Auf diese Weise hatte er sich eine beträchtliche "Atempause" verschafft, denn erwartungsgemäß entzündeten sich an der Vorschlagsliste die unterschiedlichsten politischen Zielvorstellungen und persönlichen Eitelkeiten.

Trotzdem, der Weg zu einem maǧlis aš-šūrā und einem schriftlich fixierten Grundgesetz in Saudi-Arabien war diesmal irreversibel geworden.

Grundzüge der wirtschaftlichen Situation

Das Klischee vom "unermeßlich" reichen Saudi-Arabien entstand im wesentlichen in den siebziger Jahren. Als sich der Weltmarktpreis für Erdöl 1973 von 1,86 $/Barrel auf über 11 $/Barrel vervielfachte, bedeutete das für die Förderländer kaum faßbare Deviseneinnahmen innerhalb außerordentlich kurzer Zeiträume. Als größter arabischer Produzent des flüssigen Kohlenwasserstoffs stand Saudi-Arabien an der Spitze dieses finanziellen Booms.

Trotz forcierter wirtschaftlicher Modernisierungsbestrebungen unter König Faiṣal zeigte sich die saudiarabische Wirtschaft im ganzen zunächst außerstande, die Devisenströme zu absorbieren. Infolgedessen unternahm die saudiarabische Regierung umfangreiche Investitionen in den Industrieländern. Berichte und Kolportagen über Milliarden saudiarabischer Petrodollars auf den westlichen Finanzmärkten füllten die internationalen Medien. Meistens legte die Regierung in ar-Riyāḍ vorrangigen Wert auf die Sicherheit der Anlage und weniger auf den Zinsertrag.[14] Daraus erwuchsen zwei Konsequenzen.

Zum einen wurden große Teile des saudiarabischen Auslandbesitzes durch die langen Anlagezeiträume illiquid, zum anderen überstieg die Inflationsrate in den Depositenländern häufig den Zinsertrag, d. h. es wäre ökonomisch sinnvoller gewesen, das Erdöl im Boden zu belassen. Dafür fehlten aufgrund der unterschiedlichen Interessen in der OPEC aber schon die Grundlagen.

Es zählt zu den bleibenden innenpolitischen Verdiensten Faiṣals, zwischen 1973 und seiner Ermordung 1975 die Weichen für eine wirtschaftsstrukturelle Entwicklung - aufbauend auf den Vorleistungen seit seiner Amtsübernahme - gestellt zu haben, die Saudi-Arabien zunehmend in die Lage versetzte, die Petrodollars sinnvoll im Inland einzusetzen. Die Fünfjahrpläne berücksichtigten die Finanzkraft effektiver, innerhalb weniger Jahre entstanden in Saudi-Arabien eine moderne Infrastruktur, ein Kommunikationsnetz auf neuestem technischem Stand und, über die Erdölverarbeitung hinaus, moderne Betriebe weiterer Wirtschaftszweige, insbesondere in der Bauwirtschaft. Bildungseinrichtungen, Krankenhäuser, andere soziale Institutionen öffneten allerorten ihre Pforten, vorhandene wurden saniert und ausgebaut.

Der deviseninduzierte Wirtschaftsboom beeinflußte die weitere Diversifizierung der saudiarabischen Gesellschaft wie ein hochwirksames Ferment. Großkaufleute, Industrielle und Kommissionäre vervielfachten ihre Gewinne, der Staat übernahm die kostenintensiven Vorleistungen, die Spitzen der Privatwirtschaft teilten sich hingegen die Profite, natürlich stets bei entsprechender Beteiligung des Hofes.

In dieser überhitzten Wirtschaftsatmosphäre entstanden die spezifischen Abhängigkeitsverhältnisse des privaten Wirtschaftssektors vom Staat, erlebten Nepotismus und Korruption eine vordem nie gekannte Blüte. Die Staatskasse war allerdings so reichlich gefüllt, daß auch lohnabhängig Beschäftigte, kleinere Unternehmer und Handwerker am Boom partizipierten und die extrem ungleiche Verteilung des Reichtums kaum hinterfragten. Selbst die Unterschichten, einfache Beduinen, eine entwurzelte, urbanisierte Landbevölkerung und andere, erhielten einen zwar kleineren, aber hochwillkommenen Teil der staatlichen Wohlfahrtsleistungen.

Bis zum Ende der siebziger Jahre verzeichnete diese Entwicklung kaum ernsthafte Rückschläge. 1980 erzielte der saudiarabische Staat Einnahmen aus dem Erdölexport in Höhe von 102,2 Md. $[15], 1981 konnte das Ergebnis mit 101,2 Md. $ de facto noch einmal wiederholt werden. Das bedeutete eine 53fache Erhöhung der Erdöleinnahmen innerhalb eines Jahrzehnts.[16] Im gleichen Jahr hatten die Auslandsreserven Saudi-Arabiens einen Umfang von ca. 150 Md. $ angenommen.[17] Damit war allerdings ein gewisser Höhepunkt erreicht.

Der internationale Erdölmarkt unterliegt, wie alle Warenmärkte, bestimmten Zyklen, d. h. nach dem langanhaltenden Boom der siebziger Jahre hätte kaum verwundern dürfen, daß in den achtziger Jahren eine Rezession eintrat, die fast ebenso lange dauerte wie die vorangegangene Konjunktur.

Die Einnahmen Saudi-Arabiens sanken rapide. 1982 flossen noch 76 Md. $ in die Staatskassen, 1983 nur noch 37,1 Md. $.[18] Jetzt offenbarten sich die Kehrseiten der spezifischen saudiarabischen Wirtschaftsentwicklung, d. h. die nahezu vollständige Abhängigkeit des Reproduktionsprozesses von der Erdölrente, die ausgabenorientierte, wirtschaftlich unzureichend begründete, von politischen Beweggründen motivierte Strategie des Regimes unter Dominanz des Staates, die schwache Verwurzelung der Wirtschaftselite in der produktiven Sphäre (Übertragung wesentlicher produktiver Funktionen auf ausländisches Kapital und ausländische Arbeitskräfte) und die unrentable Struktur des entstandenen Exportpotentials (insbesondere Produkte der ersten Erdölverarbeitungsstufe).[19] Selbst die bedeutendste Einnahmequelle Saudi-Arabiens vor dem Erdölzeitalter, die Gewinne aus den Pilgerfahrten nach Mekka und Medina, sprudelte nicht mehr. Zwar ließen durchschnittlich zwei Millionen Pilger pro Jahr bei einer Aufenthaltsdauer von zwei bis sieben Wochen erhebliche Mittel im Land, aber diese flossen vornehmlich in die Taschen der Geschäftsleute des Ḥiǧāz, während der Staat durch umfangreiche Aufwendungen für die Infrastruktur des ḥaǧǧ und diverse Dienstleistungen per Saldo Verlust einfuhr.

So blieben am Ende nur der Rückgriff auf die Reserven und die Inkaufnahme eines Budgetdefizits. Im April 1983 sah das Budget für 1983/84 Ausgaben in Höhe von 73,2 Md. $ vor, bei prognostizierten Einnahmen von 63,9 Md. $. Für die Differenz sollten die Reserven aufkommen. Als sich im Verlauf des Jahres abzeichnete, daß die Einnahmen 53,2 Md. $ nicht übersteigen würden, wurden einige Projekte gestoppt, andere Planvorhaben verlängert. Dadurch konnten auch die Ausgaben auf 63,1 Md. $ gesenkt werden. Im April 1984 wiederholte sich die Prozedur. Für 1984/85 gingen die Planzahlen von 60,9 Md. $ an Einnahmen und 73,8 Md. $ an Ausgaben aus, wobei damit auf die Staatsreserve eine Belastung von fast 13 Md. $ zukam.[20] Damit war die Talsohle aber immer noch nicht erreicht. 1986 erwirtschaftete Saudi-Arabien aus dem Erdölexport nur noch 28,5 Md. $.[21] Durch den ständigen Zugriff sanken die Finanzreserven bis zum Ende der Dekade auf ca. 50 Md. $. Der

Rückgang der Erdöleinnahmen zwang der saudiarabischen Regierung einen ungewohnten Sparkurs auf. Wirtschaftsprogramme wurden reduziert bzw. die Realisierungsperioden verlängert. Selbst die umfangreichen Rüstungsvorhaben wurden einer Revision unterzogen.

Es fiel den Āl Saʿūd zunehmend schwerer, die in den siebziger Jahren gesetzten Standards der omnipräsenten staatlichen Fürsorge und Wohlfahrtsleistungen aufrechtzuerhalten.

Gleichzeitig waren sie sich dessen bewußt, daß die wachsenden Widersprüche innerhalb der komplexer gewordenen saudiarabischen Gesellschaft nur auszubalancieren seien, wenn es weiterhin gelang, mögliche Opposition "aufzukaufen". Bei aller Anerkennung des bis dahin Geleisteten durften die sozial beschwichtigenden Wirkungen des Wohlfahrtssystems aber auch nicht überschätzt werden. K. McLachlan ist durchaus zuzustimmen, wenn er einschätzt:

> "In real terms, the country made rapid improvements in areas of human welfare but stayed relatively in the lowest international rank. Oil income singularly failed to buy those improvements in human conditions that are not susceptible to instant cures. The dichotomy between material wealth and physical facilities *vis à vis* the low educational and health status of a large proportion of the Saudi Arabian people was a constant source of social friction both among the Saudi Arabians themselves and between Saudis and better-educated foreigners whom they employed."[22]

Voller Hoffnung erwartete die saudiarabische Regierung deshalb in der zweiten Hälfte der achtziger Jahre das Ende der Rezession auf dem Welt-Erdölmarkt und einen Anstieg der Preise. Begierig griff sie alle Prognosen auf, die ab etwa 1988 eine "deutliche Erholung der Weltnachfrage nach Öl bei steigenden Preisen erwartet(e)"[23]. Tatsächlich stagnierten Markt und Preise aber bis zum Ausbruch des zweiten Golfkrieges.

Panik, Ungewißheit und der Ausfall irakischen und kuweitischen Erdöls trieben den Weltmarktpreis in der zweiten Hälfte des Jahres 1990 von 16 $/Barrel auf mehr als 30 $/Barrel. Spot-Markt-Preise erreichten Spitzen von 40 $/Barrel.[24] Schon wenige Wochen nach dem Waffenstillstand pegelte sich der Preis aber wieder auf ein durchschnittliches Niveau zwischen 15 und 18 $/Barrel ein, d. h. es wurde offensichtlich, daß die Ära ungezügelter Ausgaben in den siebziger Jahren wohl ein singuläres Ereignis bleiben würde.

Die saudiarabische Regierung mußte ihre Politik dieser Tatsache anpassen. Die enormen finanziellen Aufwendungen während des zweiten Golfkrieges setzten quasi einen Schlußpunkt unter eine Dekade pekuniärer Talfahrt. Das Gross Domestic Product (GDP) Saudi-Arabiens betrug 1991, am Ende des Jahrzehnts, nur noch ein Drittel des GDP von 1981,[25] seit 1983 hatte sich eine Staatsverschuldung von 55 Md. $ angehäuft.[26] Über dieses Resümee konnte auch eine kurzzeitige Einnahmenverdreifachung im zweiten Halbjahr 1990 nicht hinwegtäuschen.

Natürlich mußte sich die Preisanhebung auf 30-40 $/Barrel und die gleichzeitige Steigerung der saudiarabischen Ölförderung von 5,4 Mill. Barrel/Tag auf ca. 8 Mill. Barrel/Tag positiv in den Bilanzen niederschlagen. Aber der Regierung entstanden zum gleichen Zeitpunkt - nach eigenen Angaben - auch Verbindlichkeiten von insgesamt 69 Md. $ im Zusammenhang mit dem zweiten Golfkrieg,[27] davon allein 30 Md. $ aus Militärkontrakten mit den USA. Erst im Januar 1994 einigten sich die Regierungen in ar-Riyāḍ und Washington auf die Verschiebung einer Rückzahlungsrate von 6 Md. $ auf das kommende Finanzjahr.[28] Die kurzzeitigen Zusatzgewinne von 1990 waren jedenfalls nicht dazu angetan, die in den achtziger Jahren entstandenen und durch die Golfkriege (es sei auch an die erheblichen saudiarabischen Zahlungen an Irak im ersten Golfkrieg erinnert) verschärften Finanzprobleme Saudi-Arabiens auch nur annähernd zu lösen.

Im Gegenteil, die defizitäre Entwicklung setzte sich fort. Aufgrund des Krieges wurde für 1991 kein reguläres Staatsbudget verabschiedet. 1992/93 kalkulierte die Regierung ein Defizit von 3,9 Md. $ ein, real betrug die Kluft zwischen Einnahmen und Ausgaben 10,5 Md. $. Realistischerweise ging man deshalb 1993/94 von einem Defizit in Höhe von 7,4 Md. $ aus und bilanzierte das Finanzjahr positiv, als tatsächlich nur 8 Md. $ erreicht wurden. Für das Finanzjahr 1994/95 ist erstmals seit Jahren ein ausbalanciertes Budget vorgesehen. Das bedeutet de facto eine weitere Einschränkung in der staatlichen Ausgabenpolitik. Selbst für Städte und Gemeinden sieht der aktuelle Etat eine Ausgabenreduzierung um 24,5 Prozent vor.[29] Das vermittelt unzweideutig die Botschaft, daß die Regierung selbst in sehr sensiblen Bereichen Einsparungen als unumgänglich erachtet.

Vor diesem Hintergrund erscheint die Reformbereitschaft der Āl Saʿūd nach dem zweiten Golfkrieg in einem anderen Licht. In dem Maße, wie die Mittel für die Beeinflussung der Bevölkerungsmehrheit schwanden, mußte die Herrscherfamilie andere Ventile für latente Unzufriedenheit öffnen. Sie war sich jedenfalls der Gefährlichkeit der Situation vollauf bewußt.

In einem breit angelegten Propagandafeldzug wehrte sie sich gegen "Unterstellungen" der internationalen Presse, daß die finanzielle Leistungskraft Saudi-Arabiens erschöpft sei. Sie verwies auf die 260 Md. Barrel nachgewiesener Erdölreserven auf ihrem Territorium, die 25 Prozent der Weltreserven ausmachten und Saudi-Arabien in dieser Hinsicht zum "reichsten Land der Welt" stempelten. Ende 1992 hätten die Auslandsguthaben immer noch bei 79 Md. $ gelegen (wobei sie in ihrer Mehrheit nicht liquid sind).[30]

> "If these assets have declined over the years, this was because of a genuine threat that has never been anticipated and by this we mean the Gulf War (der Schwund vor dem Krieg wird verschwiegen - H.F.). These assets have also been directed toward serving basic infrastructure projects which themselves are considered precious assets whose value increases by the passage of time."[31]

Außerdem verwies die Propaganda auf die internationale "Normalität" defizitärer Budgets. Immerhin habe das Defizit in den USA 1992 334 Md. $ erreicht, selbst auf die Einwohnerzahl umgerechnet erweise sich die Kluft zwischen Einnahmen und Ausgaben in Saudi-Arabien als vernachlässigbar.[32]

Der Regierung kam zweifellos entgegen, daß die Geschäftswelt am zweiten Golfkrieg profitierte. Banken und die Privatwirtschaft profilierten sich als Lieferanten und Dienstleistungsanbieter für die alliierten Streitkräfte bzw. als Kreditgeber für exilierte kuweitische Staatsbürger. "Saudi Arabia" zitierte einen führenden Bankier aus ar-Riyāḍ mit den Worten: "The Saudi economy is fundamentally strong, and borrowing simply makes good sense," und führt als weiteren "Kronzeugen" Prinz ᶜAbdallāh ibn Faiṣal, den Vorsitzenden der Königlichen Kommission für Ǧubail und Yanbūᶜ, mit der Bemerkung an: "One of the reasons why the government is borrowing is to increase the confidence of the private sector."[33] Der Enthusiasmus dürfte durch die Entschlossenheit der Regierung, 1994/95 kein Defizit zuzulassen, gedämpft werden, aber es bleibt die Gewißheit, daß die Spitzen der Privatwirtschaft auch nach dem zweiten Golfkrieg nicht zu den eigentlichen "Unruhestiftern" zu zählen sind.

Wie immer betreffen Einsparungsprogramme der Regierung in erster Linie Mittel- und Unterschichten, und diese stellen auch in Saudi-Arabien die Bevölkerungsmehrheit. Unmittelbar nach Kriegsende verteilte die Regierung voraussichtlich ein letztes Mal "Geschenke". Sie stundete für zwei Jahre Hypothekenrückzahlungen, senkte Verkehrstarife und erhöhte die Subventionen für Getreide, ein Geschenk an die Beduinen. Die einschneidenden Abstriche am "Wohlfahrtsstaat" Saudi-Arabien konnten diese "kosmetischen Operationen" aber kaum noch überdecken. Saudi-Arabien bleibt zweifellos ein immens reiches Land mit erheblichen sozialen Leistungen. Diese reichen aber nicht mehr hin, um einer politischen Liberalisierung zu entgehen.

Die Auseinandersetzung um den zukünftigen Entwicklungsweg

Die Geistlichkeit

Regimetreue ᶜulamā

Die wahhabitischen Geistlichen Saudi-Arabiens wurden bereits als tragende Säule der Āl Saᶜūd-Herrschaft charakterisiert. Bei genauer Betrachtung zeichnet sich sogar ein eher symbiotisches Verhältnis zwischen beiden Komponenten ab als eine rationale, dem Augenblick verhaftete gegenseitige Unterstützung. Es gilt unterdessen als gesicherte wissenschaftliche Erkenntnis, daß erst das Mitte des 18. Jahrhunderts im Naǧd geschlossene Bündnis zwischen Muḥammad ibn ᶜAbd al-Wahhāb und dem damaligen Familienoberhaupt der Āl Saᶜūd, Muḥammad ibn Saᶜūd, den Grundstein für das letztliche Obsiegen der Āl Saᶜūd in den wechselvollen Bestrebungen der staatlichen Vereinigung großer Teile der Arabischen Halbinsel garantierte, weil es die Ziele der Naǧd-Herrscher über die üblichen hegemonialen Stammes- und Familieninteressen heraushob und sie mit einem dringlichen religiösen Sendungsbewußtsein umgab. Erst die einigende Wirkung des Wahhabismus machte die eigentliche Ingredienz für den Erfolg der Āl Saᶜūd aus.

Die erwähnte Symbiose übertrug beiden Parteien eine Reihe von Rechten und Pflichten, ohne die sie in dieser Form nicht lebensfähig gewesen wäre. Die eigentliche Durchschlagskraft des Wahhabismus, die die Āl Saᶜūd politisch und militärisch umsetzten, ergab sich aus der kompromißlosen Konsequenz des islamischen Erneuerungswillens, an die auch die Āl Saᶜūd-Herrscher gebunden waren.

Der Wahhabismus fußt bekanntlich auf der außerordentlich konservativen hanbalitischen Rechtsschule des Islam und dabei insbesondere auf den Schriften des hanbalitischen Gelehrten Ibn Taimīya. Zu Lebzeiten Ibn Taimīyas befand sich das Kalifat in einem beklagenswerten Zustand. Viele quasi autarke islamische Herrscher suchten Legitimität mittels der Unterstützung durch lokale religiöse Führer. Ibn Taimīya lehnte diese Praxis vehement ab und forderte eine Rückkehr zu den originären Aussagen von Koran und Sunna. Legitimität könne demnach nur von der strikten Befolgung des islamischen Rechts, der šarīᶜa, ausgehen. Jeder Herrscher, der die šarīᶜa nicht befolge, handele ohne Legitimität, und seine Untertanen hätten demzufolge sogar die religiöse Pflicht, ihn aus seinem Amt zu entfernen. Ibn ᶜAbd al-Wahhāb begriff sich als Sachwalter der Forderungen Ibn Taimīyas.[34] Seine Unterstützung für die Expansionsbestrebungen der Āl Saᶜūd sah er als Mittel, um einem "geläuterten" Islam in der Wiege der islamischen Religion möglichst rasch zum Durchbruch zu verhelfen. Für die Āl Saᶜūd bedeutete das andererseits, sich dem wahhabitischen Verhaltenskodex zu unterwerfen, d. h. die Gültigkeit des islamischen Rechts als über jeder weltlichen Handlung stehend anzuerkennen. Der Wahhabismus band de facto Herrscher und Beherrschte in einem berechenbaren Kontext aneinander, die Verletzung des Verhaltensmusters durch die eine Seite entband faktisch die andere Seite von ihren Pflichten. In der Praxis bedeutete das natürlich primär eine wesentliche Einschränkung für Herrscherwillkür. Solange sich die Āl Saᶜūd aber an die Pflichten der Übereinkunft hielten, konnten sie auch Legitimität einfordern.

Die Tatsache, daß diese Legitimitätspraxis westlich-europäischen Mustern der Gegenwart nicht genügt, bedeutet keinesfalls, daß sie in den sozialen und geistigen Strukturen auf der Arabischen Halbinsel nicht als existent und richtig betrachtet wird. A. Issa ist zuzustimmen, wenn er feststellt, daß das von Ibn ᶜAbd al-Wahhāb weiterentwickelte Herrschaftsprinzip von Ibn Taimīya, das sich eben aus der strikten Befolgung des islamischen Rechts ableitet, durchaus Quelle legitimer Herrschaft sein kann.

> "Der hanbalitisch-taimiyyaische Wahhabismus ist ein struktureller Faktor in der sozialen und politischen Ordnung der saudischen Dynastie. Er ist

> dort wegen seiner ideologischen Durchdringungskraft, seiner Immunität gegen gesellschaftliche Veränderungen und vor allem wegen seiner gesellschaftlichen und politischen Steuerungsfähigkeit die Quelle sozialer 'Legitimitätsgestaltung' und politischen 'Legitmitätsanspruchs'."[35]

Die Nachfahren Ibn ᶜAbd al-Wahhābs, die Āl aš-Šaiḫ, trugen zusammen mit anderen ᶜulamā, insbesondere aus dem Naǧd, dafür Sorge, daß die Grundlagen dieses Herrschaftsmodells auch in den folgenden Jahrzehnten und Jahrhunderten eingehalten wurden. Sie unterstützten die Āl Saᶜūd als die legitimen Sachwalter der ursprünglichen Allianz zwischen Ibn ᶜAbd al-Wahhāb und Muḥammad ibn Saᶜūd. Solange sich die herrschende Familie den vereinbarten religiösen Prinzipien unterwarf und für ihre Einhaltung und Verbreitung stand, solange durfte sie auch auf die Zustimmung durch die ᶜulamā hoffen. Die Geistlichkeit erreichte auf diese Weise eine ungleich bedeutendere Position als in vergleichbaren anderen arabischen Staaten.

Sie kontrolliert das Bildungswesen, sie überwacht die jährlichen Pilgerfahrten nach Mekka und Medina, sie zeichnet für die Einhaltung der öffentlichen Moral verantwortlich - die Einhaltung der Gebetszeiten, das Alkoholverbot, die Trennung der Geschlechter in der Öffentlichkeit, die Einhaltung der Bekleidungsvorschriften etc., und sie verfügt über den religiösen Besitz (auqāf).

Selbstverständlich sind nicht alle Geistlichen Saudi-Arabiens gleichermaßen in diese Aufgaben involviert. Die Āl aš-Šaiḫ standen lange Zeit unangefochten an der Spitze einer sich erst allmählich heranbildenden geistlichen Hierarchie. Ihre Pamphlete und Texte galten als verläßliche Richtschnur für die Auslegung der wahhabitischen Doktrin. Mitglieder der Āl aš-Šaiḫ dienten als Richter und Administratoren in den von Ibn Saᶜūd eroberten Gebieten und trugen dafür Sorge, daß die Verbindung der Āl Saᶜūd mit dem Wahhabismus generell gewahrt blieb. Ihnen gegenüber befand sich die übrige Geistlichkeit des Naǧd zunächst in einer untergeordneten Rolle. Die ᶜulamā wirkten in den städtischen Zentren, in den Kleinstädten und Dörfern, aber auch in den zeitweiligen Siedlungen der Beduinen relativ autark und dezentralisiert. Nur die Geistlichkeit ar-Riyāḍs erhielt eine gewisse Sonderrolle durch ihren direkten Zugang zum Herrscherhaus.

Nach der Eroberung des Ḥiǧāz kam es zu einer weiteren Differenzierung. Durch die Pilgerstätten im Ḥiǧāz und durch seine Handelstraditionenen bedingt, zeichnete die Geistlichkeit in diesem Gebiet ein höheres Maß an Toleranz aus.[36] Vor diesem Hintergrund darf auch nicht verwundern, daß die übrige islamische Welt nach der Eroberung des Ḥiǧāz durch Ibn Saᶜūd die große Sorge erfaßte, ob der strikte Wahhabismus nicht letztlich die Heiligen Stätten irreversibel verändern würde, vielleicht sogar das Grab des Propheten zerstörte. Diese seit 1926 immer wieder sporadisch geäußerten Befürchtungen entwickelten sich in Phasen offener Auseinandersetzungen Saudi-Arabiens mit Nachbarstaaten bisweilen noch bis in die Gegenwart hinein zum Politikum.

Auf der Höhe des "Pilgerstreits" zwischen Iran und Saudi-Arabien während des ersten Golfkriegs erschien in Iran eine Fülle von Publikationen, die die alten Vorwürfe wieder aufgriff.[37] Aber auch für viele Muslime außerhalb Irans waren und sind die Āl Saᶜūd mit Sicherheit die "falschen" Hüter Mekkas und Medinas.[38] Obwohl sich diese Befürchtungen insgesamt nicht bewahrheiteten, waren die ᶜulamā des Ḥiǧāz gezwungen, sich den neuen Gegebenheiten anzupassen. Immerhin behielten sie den Zugang zu Donationen, Geschenken und Erträgen des waqf-Besitzes und konnten sich in den alltäglichen Angelegenheiten eine gewisse Autonomie bewahren.

Demgegenüber befanden sich die Geistlichen des Naǧd in einem stetig wachsenden Abhängigkeitsverhältnis von staatlichen materiellen Zuwendungen. Diese Abhängigkeit trug entscheidend dazu bei, daß sich das Verhältnis zwischen Geistlichkeit und Āl Saᶜūd während der forcierten Modernisierung des Landes zugunsten letzterer verschob. Der wachsende Reichtum des Landes nach dem Tod Ibn Saᶜūds bewirkte - wie schon ausgeführt - eine rasche Diversifizierung der saudiarabischen Gesellschaft, eine erhöhte Mobilität der Bevölkerung und ein stetig wachsendes Bildungsniveau. Mit jeder neuen Phase der Modernisierung wurde offensichtlicher, daß das Land neue politische Strukturen benötigte, die in der Lage waren, den Modernisierungsprozeß zu gestalten und zu lenken, d. h. moderne Ministerien, Regierungsbehörden, staatliche Institutionen mit fachlich gut ausgebildeten Angestellten und Technokraten. Traditionelle Betätigungs- und Einflußfelder wurden der Geistlichkeit mehr und mehr entzogen.

Als besonders einschneidend mußte dieser Prozeß auf dem Gebiet der Rechtsprechung empfunden werden. 1962 verkündete Faiṣal in seinem 10-Punkte-Reformprogramm unter anderem auch die Etablierung eines Justizministeriums. Als der Mufti Saudi-Arabiens, Šaiḫ Muḥammad ibn Āl aš-Šaiḫ, 1969 starb, bedeutete das 1970 die Gelegenheit für die Implementierung des Justizministeriums und eines Obersten Rates der Justiz. Die materiell abhängige Geistlichkeit wurde in andere, teilweise neu geschaffene bürokratische Institutionen eingebunden: die "Komitees für die Verbreitung des Guten und die Verhinderung des Bösen", das "Direktorat für religiöse Forschung", die Behörden für iftā, daᶜwa und islamische Führung, deren Mitglieder die Regierung ernennt. Das Maß der Beteiligung der ᶜulamā an der Tätigkeit der neu geschaffenen Institutionen wurde durch die Notwendigkeiten und Orientierungen der Politik bestimmt. Die Geistlichen sahen sich hofiert, wenn eine Entscheidung unbedingt der religiösen Legitimierung bedurfte, ihre Einwände wurden hingegen zunehmend vernachlässigt, wenn sie im Widerspruch zu den Auffassungen des Königs standen oder wenn dieser andere Legitimierungsquellen hinzuziehen konnte.

Der Petrodollar-Reichtum enthob die Āl Saᶜūd auf gewisse Weise von der Notwendigkeit, ihren Legitimitätsanspruch ausschließlich mit religiösen Argumenten zu untermauern. In gleichem Maße, wie sich die Herrscherfamilie die

Gefolgschaft der Einwohner Saudi-Arabiens auch mit materiellem Wohlstand und mit hohen Sozialleistungen sichern konnte, sank auch die Bedeutung der Āl aš-Šaiḫ. Im Grunde genommen verfuhren die Āl Saʿūd hierbei mit den Āl aš-Šaiḫ ähnlich wie mit anderen prominenten Familien des Landes. Niemand durfte eine der königlichen Familie vergleichbare oder nahekommende Macht repräsentieren. Die Bedeutung der Nachkommen Ibn ʿAbd al-Wahhābs wird eher dadurch unterstrichen, daß sie erst relativ spät den Unterordnungsmaßnahmen des Königshauses zum Opfer fielen. Aber seit 1940 ging ihr Einfluß ständig zurück. Zwar stellten sie unter verschiedenen Königen die Minister für Justiz, Bildung und Landwirtschaft, aber die Mehrzahl der Positionen in den religiösen Gremien wird in der Gegenwart längst nicht mehr ausschließlich von den Āl aš-Šaiḫ dominiert. 1987 befand sich unter den 15 Mitgliedern der Behörden für ifta', da'wa und religiöse Führung, die dem König direkt für die Durchsetzung der wahhabitischen Doktrin verantwortlich zeichnen, nur noch ein Mitglied der Āl aš-Šaiḫ.[39] Für James Piscatori bedeutete dieser Prozeß letztlich nur ein weiteres Merkmal für den patrimonialen Charakter der Āl Saʿūd-Herrschaft, die eine signifikante Teilung der Macht nicht zulassen kann. "It is a pattern seen many times before in Islamic history: the fusion of temporal and spiritual authorities ends with the subjection of the spiritual."[40]

Die Mehrzahl der mit Saudi-Arabien befaßten Wissenschaftler ist sich gegenwärtig über den relativen Niedergang des unmittelbaren Einflusses der saudiarabischen Geistlichkeit auf den Kurs des Herrscherhauses weitgehend einig. Trotz der Bedeutung der ʿulamā sei ein wachsendes Ungleichgewicht zwischen der politischen Macht des Regimes und dem ideologischen Einfluß der ʿulamā eingetreten.[41] Mittlerweile stehen die ʿulamā unter wesentlich direkterer Kontrolle durch den Staat, als daß ihr Mittel verblieben wären, die Āl Saʿūd ähnlich lückenlos zu überwachen. Yassini faßt diese Auffassung wie folgt zusammen:

> "Indeed, the ulama in the current Saudi state are dependent on the state for survival ... ulama leaders are appointed by the king, and ulama activities are regulated by state laws. Following the introduction of secular laws to regulate many state activities, the role of the ulama became confined to the interpretation of the civil and criminal aspects of the *shari'ah*, whereas commercial, labor, and international laws, to name only three, are formulated and interpreted by secular-educated individuals."[42]

Trotz des unbestreitbaren Wahrheitsgehalts dieser Einschätzungen bleiben allerdings einige Fragen offen. Der Wandel des Verhältnisses zwischen Āl Saʿūd und wahhabitischer Geistlichkeit wird häufig genug nur mit den Folgen der saudiarabischen Modernisierung erklärt. Immer wieder erscheinen Kolportagen über "Kniffe und Tricks" die die Āl Saʿūd-Herrscher von Ibn Saʿūd bis Faiṣal anwenden mußten, um den "engstirnigen" Geistlichen die Zulassung solcher technischer Neuerungen wie Rundfunk, Fernsehen, Telephon und -fax etc. abzuringen, denn "... it is important to note that the articulation of

Wahhābi principles has not changed significantly since the writings of Ibn ᶜAbd al-Wahhāb"[43]. Dabei wird allerdings unterschlagen, daß der Wahhabismus selbst die Möglichkeit der Adaption enthält.

Natürlich waren und sind die ᶜulamā nur ungern bereit, Einbußen in ihrem Einfluß hinzunehmen, selbstverständlich betrachten sie Neuerungen und Modernisierungen mit großem Mißtrauen. Ihr letztendliches Einlenken hat aber nicht *nur* mit ihrer abhängigen Stellung zu tun. Da sich die Ingredenzien des modernen Lebens in den islamischen Schriften nicht finden lassen, kann häufig auch Toleranz walten.[44] So verschlossen sich die ᶜulamā letztlich der Gründung zahlreicher Universitäten und anderer höherer Bildungseinrichtungen nicht, als sie ihren Einfluß auf die Lehrpläne und z. B. die Trennung männlicher und weiblicher Schüler und Studenten gesichert sahen. Sie tolerierten die Benutzung von Rundfunk und Fernsehen, wenn die Programme ihrer Zensur unterlagen.

In Fortsetzung der Anregungen Ibn Taimīyas befleißigen sich die Wahhabiten auch extensiv des Prinzips des iǧtihād, d. h. des Gebrauchs des Verstandes bei der Festlegung des Weges, der am besten geeignet scheint, islamische Prinzipien in einer gegebenen Situation durchzusetzen.

> "When the Qur'an and the hadith reports of pious precedent are vague or silent on an issue, Hanbali *ᶜulamā* are expected to use their best judgement. That, no doubt, has provided the Saᶜūdis with a great deal of flexibility in dealing with the exigencies of modern statecraft."[45]

Die wahhabitische Geistlichkeit mußte den Grundlagen ihres Religionsverständnisses also letztlich nicht abschwören, als sie die Āl Saᶜūd in ihrem Modernisierungsprogramm gewähren ließ. Sie blieb damit als Institution integer und trotz eines gewissen Unterordnungsverhältnisses für die Āl Saᶜūd von elementarer Bedeutung. Nur ihre grundsätzliche Zustimmung läßt König Fahd als legitimen Nachfahren des ersten Wahhabitenstaates erscheinen, als Hüter der Heiligen Stätten des Islam. Auf der anderen Seite nahmen die religiösen Führer ihre relative Zurücksetzung hin, denn letztendlich ist es für sie allemal besser, sich einem Monarchen der Āl Saᶜūd unterzuordnen, als sich etwa eines laizistischen Regimes erwehren zu müssen.

Das seit Jahrhunderten gewachsene Verhältnis zwischen Āl Saᶜūd und wahhabitischer Geistlichkeit unterliegt natürlich in Krisensituationen besonderen Belastungen. Insofern bedeutete auch der zweite Golfkrieg eine Probe für die Festigkeit der Partnerschaft bzw. die Grundlage für Veränderungen innerhalb des Bündnisses. Um einen so gewagten Schritt wie die Stationierung Hunderttausender westlicher, christlicher, Soldaten auf saudiarabischem Territorium zu gehen, bedurfte Fahd unbedingt der geistlichen Zustimmung. Prompt verteidigte der prominenteste Geistliche des Landes, ᶜAbd al-Azīz ibn Bāz, diesen Schritt und erklärte, zur Verfolgung eines islamkonformen Zieles besäßen die Muslime das Recht "to seek the help of whoever has the power that enables them to perform the task"[46]. Am 18. Januar 1991 bestimmte er Ṣaddām Ḥusain in einem fatwā zum "Feind Gottes".[47]

Diese Positionierung bedeutete auch für die durch Ibn Bāz vertretene oberste Geistlichkeit ein gehöriges Wagnis. Ihre Akzeptanz und Respektierung hängt in entscheidendem Maße von ihrer Glaubwürdigkeit ab und der Sicherheit für die Muslime, glaubenskonforme Äußerungen und Schiedssprüche erwarten zu dürfen. Die Sanktionierung des Krieges gegen Irak mit Hilfe "glaubensfremder" Truppen bedurfte deshalb großer Überzeugungskraft seitens der ᶜulamā. Sie erbrachten damit ihren Teil für die Fortsetzung und Festigung des Bündnisses mit den Āl Saᶜūd. Gleichzeitig sahen sie aber auch eine große Chance, um von der weltlichen Macht Gegenleistungen einzufordern, mit einigen ungeliebten Neuerungen aufzuräumen und langgehegte Wünsche umzusetzen.

Am 18. Mai 1991, also wenige Wochen nach der für Saudi-Arabien erfolgreichen Beendigung des zweiten Golfkrieges, erreichte König Fahd eine von 400 geistlichen Würdenträgern unterzeichnete Petition. Das Schriftstück trug auch die Unterschriften von ᶜAbd al-Azīz ibn Bāz und dem kaum minder prominenten Geistlichen Muḥammad Ṣāliḥ al-ᶜUṯaymin. Darin forderten die ᶜulamā weitreichende Reformen und eine spürbare Anhebung islamischer Normen in der Landespolitik.

Der Vorgang kann als beispiellos in der jüngeren Geschichte Saudi-Arabiens gelten, denn er implizierte, daß das wortlose Einverständnis zwischen Āl Saᶜūd und ᶜulamā nicht mehr funktionierte und letztere einseitig die Initiative ergriffen. In der für gewöhnlich nur selektiv informierten Öffentlichkeit des Landes stieß die Nachricht auf ungewöhnliches Interesse. Bald rankten sich auch die ersten Gerüchte um das Zustandekommen der Petition. Habe der König sie vielleicht selbst angeregt, um eine ähnliche Petition zu konterkarieren, die ihm Wochen zuvor von liberalen Kräften überreicht worden war? Ging es ihm um größeren Spielraum gegenüber dem Westen, aus dem nach dem zweiten Golfkrieg vehement Forderungen nach mehr Demokratie in Saudi-Arabien eingingen? Auch sprach sich schnell herum, daß die ᶜulamā die offene Konfrontation eigentlich zu vermeiden getrachtet hatten. Sichtlich besorgt reagierten sie auf die "vorzeitige" Veröffentlichung der Petition in der Auslandspresse. Ursprünglich sollte dem König wesentlich mehr Freiraum für eine Antwort gelassen werden, als es jetzt unter den Augen der wachsamen Öffentlichkeit möglich war.

Nichtsdestotrotz ließen die Forderungen an Deutlichkeit kaum zu wünschen übrig. Ihre Hauptinhalte lassen sich wie folgt zusammenfassen:

- Schaffung eines Konsultativrates mit dem Recht, alle Fragen der Innen- und Außenpolitik zu debattieren und Entscheidungen zu treffen;
- Islamisierung des sozialen, ökonomischen, administrativen und Bildungssystems des Landes;

- Fundamentale Reformierung der Armee durch die Schaffung einer "modernen, starken, unabhängigen, islamischen Armee nach dem Vorbild der Armee des Propheten, bei gleichzeitiger Diversifizierung des Bezugs von Rüstungsgütern. Letzteres muß als Versuch interpretiert werden, sich vom Import westlicher Rüstungstechnologie loszusagen;
- Einführung sozialer Gerechtigkeit auf der Basis der islamischen Gesetze, d. h. eine "Gleichheitsgarantie für alle Bürger";
- Bestrafung aller "korrupten Elemente" ohne Ansehen der Person;
- Gleiche Verteilung des Wohlstands unter allen Angehörigen der Nation;
- Umfassende Pressereform, d. h. Schaffung einer "islamischen" Presse mit der Aufgabe, den Islam im In- und Ausland zu propagieren;
- Bewahrung der Interessen, der Reinheit und Einheit der umma, Heraushalten aus allen nichtislamischen Verträgen und Paktbeziehungen. Diese Forderung kann nur als massive Kritik - wenn auch im Nachhinein - an der Allianz mit den USA, Großbritannien und Frankreich während des Golfkrieges verstanden werden;
- Säuberung der Auslandsvertretungen Saudi-Arabiens von allen unislamischen "Auswüchsen";
- Radikale Reform des Justizwesens auf islamischer Grundlage.[48]

Im Zusammenhang mit der Petition äußerten einige Unterzeichner darüber hinaus auch die Forderung, den Hohen Rat der Geistlichkeit aufzulösen, da er *innerhalb* des Justizministeriums agiere. Seine Funktion könner er hingegen nur erfüllen, wenn er unabhängig von staatlichen Institutionen islamisches Recht sprechen könne.[49] Eine Umsetzung der Petition wäre auf eine offensichtliche Machtteilung in Saudi-Arabien hinausgelaufen. Da letztlich die Geistlichkeit über die Einhaltung der neuen Bestimmungen zu wachen hätte, wäre sogar eine "schleichende" Machtverschiebung zugunsten der ᶜulamā eingetreten. Praktisch forderte die Petition die Annullierung aller Rechtsnormen, die nicht ausdrücklich in der šarīᶜa enthalten sind. Das würde insbesondere Paragraphen des Handels- und Finanzrechts betreffen. Schließlich würde das auch bedeuten, alle Rechtserlasse saudiarabischer Regierungen seit der Herrschaftszeit Ibn Saᶜūds einer erneuten Prüfung zu unterziehen.

Damit wurde das traditionelle Zusammengehen von Āl Saᶜūd und Geistlichkeit ernsthaft in Frage gestellt. Die Herausforderung stellte sich für die Königsfamilie kaum minder gefährlich dar, als die Opposition islamischer Extremisten.

Es spricht für die Weitsicht der Āl Saᶜūd, in dieser Situation trotzdem beherrscht reagiert zu haben. Zwar sperrte Fahd den Urhebern der Petition die Pässe, weniger prominente Unterzeichner wurden auch verhaftet und längeren Verhören ausgesetzt, aber der König wollte den offenen Bruch mit Ibn Bāz, Ibn ᶜUṯaimin und anderen führenden Geistlichen vermeiden. Geschickt griff er die Forderung nach der Schaffung eines Konsultativrates auf und erklärte sie zu seinem eigenen Vorhaben. Er versprach eine Überprüfung offensichtlicher Mißstände bei der Einhaltung islamischer Normen im Königreich und in den Auslandsvertretungen Saudi-Arabiens und scheute sich auch nicht, das Verhalten einiger entfernterer Familienmitglieder zu kritisieren.

Fahd war sich durchaus der Tatsache bewußt, daß der von einigen Prinzen vorgelebte Doppelstandard in ihrem Verhalten stetig neuen Widerspruch herausforderte.[50] Trotzdem blieb die Kritik des Königs in dieser Hinsicht eher verhalten. Er hofierte die Geistlichkeit eher durch besonders harsches Vorgehen gegen Forderungen aus der Bevölkerung nach der Gewährung weitreichenderer bürgerlicher Freiheiten.

Als beispielhaft dafür kann sein Verhalten im Fall von 47 teilweise prominenten Frauen gelten, die im November 1990 das Selbstfahrverbot für weibliche Personen mißachtet hatten, um damit ein Zeichen der Zivilcourage und der Inanspruchnahme simpelster Freiheiten zu setzen. Nachdem der Vorfall im noch andauernden Krieg zunächst "heruntergespielt" worden war, "opferte" Fahd die beteiligten Frauen und viele ihrer Familienangehörigen nun den Geistlichen um Ibn Bāz, die ein Exempel zu statuieren beabsichtigten. In einem fatwā verurteilte der Geistliche die Tat scharf und verkündete: "Women should not be allowed to drive motor vehicles as the *sharia* instructs that things that degrade or harm the dignity of women must be prevented."[51] Befleißigte sich Ibn Bāz noch einer besonnenen Wortwahl, so ließ er doch die Freitagsprediger in den Moscheen des Landes gewähren, wenn sie die mutigen Frauen als "rote Kommunisten, schmutzige amerikanische Säkularisten, Huren und Advokaten des Bösen" diffamierten. Die Namen der Frauen, ihre Adressen und Telephonnummern wurden nach den Freitagspredigten auf Handzetteln verteilt.[52]

Gleichzeitig verdeutlichte Fahd aber auch, daß er die führenden Geistlichen zu disziplinieren gedachte. In zahlreichen Verhandlungen mit ihnen spielte er die in den vergangenen Jahrzehnten zugunsten des Königshauses gewandelten Machtverhältnisse aus, appellierte an gemeinsame Interessen gegenüber dem islamistischen Untergrund und versprach weitere Reformen dort, wo sie ihm nun selbst notwendig erschienen, d. h. insbesondere die Etablierung des maǧlis aš-šūrā und die Verabschiedung eines "Grundsystems der Herrschaft". Damit propagierte er Forderungen als seine eigenen, die ohne den öffentlichen Druck nach dem zweiten Golfkrieg wohl ein weiteres Mal ungehört geblieben wären - wie so häufig zuvor.

Die ʿulamā mußten die Machtverhältnisse letztlich akzeptieren und - zumindest verbal - den Rückzug antreten. Besonders für Ibn Bāz war ein Gesichtsverlust nicht zu vermeiden, als er als Vorsitzender des Hohen Rates der ʿulamā (haiat kibār al-ʿulamā) und gleichzeitig Mitunterzeichner der Mai-Petition diese am 3. Juni 1991 offiziell verurteilen mußte. Im August 1991 wurde eine revidierte Fassung der Petition in die Londoner Zeitung "al-Quds al-ārabī" lanciert,[53] um den Konflikt zu entschärfen und gleichzeitig die Gerüchte unter der Bevölkerung einzudämmen. Außerdem "erklärte" Ibn Bāz in einem persönlichen Memorandum nochmals den Inhalt der Petition und interpretierte sie als "Gedankenanregung" für den König.

Der Burgfrieden hielt aber nur ein knappes Jahr. Im Juli 1992 wandten sich erneut 105 Geistliche mit einem "Memorandum der Ermahnung" (muḏakkira an-nāṣiḥa)" an den König. Ein weiteres Mal geißelten sie die Korruption, forderten die Annullierung aller Militärverträge, die die Souveränität des Landes untergraben, radikale Veränderungen in der politischen, ökonomischen und sozialen Lage des Landes, die vollständige Trennung von Exekutive und Judikative und die Beseitigung der staatlichen Kontrolle über die Inhalte theologischer Lehre.

Fahd bestand darauf, daß der Hohe Rat der ʿulamā am 17. September 1992 das Vorgehen der 105 verurteilte und eine erneute Unterschrift von Ibn Bāz unter das Memorandum dementierte. Trotzdem zeigte er sich mit der Unterstützung durch den Hohen Rat außerordentlich unzufrieden.[54] Er entließ im Dezember 1992 sieben der 18 Mitglieder und ersetzte sie durch zehn neue, angeblich loyalere Geistliche.[55] Dazu gehörte auch bezeichnenderweise Justizminister ʿAbdallah ibn Muḥammad Āl aš-Šaiḫ.[56] Die hauptstädtische Presse betonte mehrfach, der Gesundheitszustand der Entlassenen habe zu ihrem Ausscheiden geführt und bestärkte damit ungewollt die weitverbreitete Meinung, die sieben Geistlichen hätten sich der Verurteilung des "Memorandums der Ermahnung" entzogen.

Ein halbes Jahr später ging der König noch einen Schritt weiter. Einerseits band er ʿAbd al-Azīz ibn Bāz noch stärker ein, indem er den Titel Mufti Saudi-Arabiens wiederbelebte und diesen Ibn Bāz antrug, andererseits verstärkte er die staatliche Kontrolle über die islamischen Angelegenheiten noch - im krassen Gegensatz zu den Forderungen der Petition. Am 11. Juli 1993 schuf Fahd ein Ministerium für islamische Angelegenheiten und berief ʿAbdallāh at-Turkī zum Minister.[57] Dieser revanchierte sich im Herbst 1993 mit der Absicht, im gesamten Land "islamische Propagandazentren" zu schaffen, um den "wahren, unverfälschten Islam" zu verbreiten.[58]

Zweifellos benötigen die Āl Saʿūd den wahhabitischen Islam weiterhin für die Machtlegitimierung. Deshalb liegt ihnen viel an einer wirkungsvollen Zusammenarbeit mit den ʿulamā. Solange die Geistlichen die Dominanz der Königsfamilie nicht in Frage stellen, bleiben ihnen auch weiterhin zahlreiche Einflußmöglichkeiten. So sorgte der berufene Vorsitzende des Konsultativrates, Ibn Ǧubair, schon vor der eigentlichen Arbeitsaufnahme seines Gremiums diesbezüglich für Klarheit, als er erklärte:

> "There is a big difference between democracy and shoura. In democracy elected members of a parliament have the power to issue and cancel laws that may contradict God's teachings... In the shoura system people can't discuss any issue that has been decided by the Qur'an and Sunnah. The role of the shoura members is to have a say and decide on other issues, not contradicting Islamic rules."[59]

Um dieses Verhalten sicherzustellen, wurden in den Konsultativrat insgesamt zehn Geistliche berufen.[60]

Resümierend kann festgehalten werden, daß der Kampf um den Konsultativrat und um eine berechenbare Kodifizierung der Herrschaft der Āl Saᶜūd durch die Aktionen der ᶜulamā seit dem Ende des zweiten Golfkrieges eine nicht unbeträchtliche Stärkung erfuhr. Auch wenn die Inhalte ihrer Forderungen von denen anderer Interessenten an einer größeren Partizipation in Saudi-Arabien erheblich abwichen, so dürften die Vorstöße der ᶜulamā doch entscheidend dazu beigetragen haben, daß sich die Āl Saᶜūd letztlich doch für die Etablierung eines Konsultativrates und die Verabschiedung eines "Grundsystems der Herrschaft" entschlossen.

Islamistische Strömungen

Die Geschichte des modernen Saudi-Arabien wird von einem Phänomen begleitet, das - zumindest bei oberflächlicher Betrachtung - paradoxe Züge enthält. Obwohl sich Herrschende und Beherrschte seit Jahrzehnten gemeinsam einer möglichst buchstabengetreuen Koranauslegung befleißigen bzw. sich darum bemühen oder das immerhin als Zielstellung verkünden, existiert im Königreich traditionell eine islamistische Grundströmung, der das von Staats wegen Praktizierte in keiner Weise genügt.

Generalisierend gesagt, speist sich diese Strömung aus dem Widerspruch zwischen universaler Geltendmachung der Richtigkeit und Wahrhaftigkeit der wahhabitischen Doktrin und der Räson des saudiarabischen Staates, d. h. den Interessen der Āl Saᶜūd.

In der Expansionsphase des jungen Staates zeigte sich der Widerspruch erwartungsgemäß nur in Ansätzen. Im Gegenteil, Ibn Saᶜūd nutzte das wahhabitische Sendungsbewußtsein in Gestalt der von ihm geschaffenen iḫwān-Milizen besonders erfolgreich aus, um seinem Machtanspruch Durchschlagskraft zu verleihen. In dem Maße, wie die Zentralisierung der Arabischen Halbinsel abgeschlossen war bzw. eine weitere Ausdehnung des Einflußgebiets Ibn Saᶜūds am Widerstand der Nachbarn scheiterte, bedeutete der an keinen Nationalstaat zu bindende Missionierungseifer der iḫwān eine Gefahr für den Erhalt des jungen saudiarabischen Staates. ᶜAbd al-Azīz ibn Saᶜūd sah sich in der klassischen Rolle des Zauberlehrlings, der der von ihm gerufenen Geister nicht mehr Herr wird. 1929 löste er das Problem durch die militärische Zerschlagung der iḫwān-Milizen gewaltsam, nachdem er sie erst 1912 formiert hatte. Trotzdem blieb das an den iḫwān zu exemplifizierende Religionsverständnis in Saudi-Arabien virulent.

Die Islamisten und wahhabitischen Puristen reiben sich an jedem von ihnen ausgemachten Widerspruch zwischen der "reinen" Lehre Ibn ᶜAbd al-Wahhābs und den Praktiken der Āl Saᶜūd. Sie kritisieren das Regime also nicht für das, wofür es sich einzusetzen behauptet, sondern dafür, sich nicht an die eigenen Standards zu halten. Eine Gemeinsamkeit aller islamistischen Bewegungen behält dabei auch in Saudi-Arabien ihre Gültigkeit. Theologisch geschulte Spezialisten bilden in ihr nur eine verschwindend geringe Minderheit. Den iḫwān-Anhängern sind Feinheiten der islamischen Theologie, wie z. B. der iǧtihād, weitgehend fremd. Konsterniert reagierten sie auf die von Faiṣal initiierte Koexistenz geistlichen und weltlichen Rechts, wo doch die alleinige Gültigkeit der šarīʿa in den Schriften Ibn ʿAbd al-Wahhābs eindeutig vorgegeben ist. Wenn schon die ʿulamā nur mit Mühe bereit waren, diesen Tatbestand zu tolerieren, so zeigten sie sich schlicht überfordert, theologisch sanktionierte Vernunftentscheidungen zu treffen oder sich gar mit den Unabänderlichkeiten der sozialen Fortentwicklung zu arrangieren.[61] Ihnen gilt jede einzelne technische, gesellschaftliche, kulturelle, rechtliche oder ökonomische Neuerung als Frevel, erschienen die diese Veränderungen absegnenden oder zumindest hinnehmenden ʿulamā als Verräter am wahren Glauben und als Kollaborateure des Regimes. Sie betrachten die Geistlichen als materiell korrumpiert und daher unglaubwürdig. Selbstverständlich trägt dann jeder offensichtliche Fall der Bereicherung eines ʿālim oder die Gewährung eines "Alibi-fatwā" durch einen Geistlichen dazu bei, den Islamisten Zulauf zu sichern.

Sozial speiste sich dieser Zulauf bis in die jüngste Vergangenheit insbesondere aus den untersten Schichten der Bevölkerung. Städtische Kleinhandwerker und andere Gewerbetreibende, unterste Staatsbedienstete, ungelernte Arbeiter, eine geringere Zahl von Lehrern und Studenten konservierten die Ideale der iḫwān. In besonderem Maße fühlten sich aber Beduinen und Angehörige von Stämmen angesprochen, die nicht oder nur lose durch Einheirat an die Āl Saʿūd gebunden waren.[62]

Schon Staatsgründer Ibn Saʿūd hatte keine Mühe gescheut, den Individualismus und den ausschließlichen Stammesbezug der Beduinen (aṣabīya) zu brechen, da er sie als konträr zu seinen Bestrebungen sah, eine festere "nationale" Kohäsion Saudi-Arabiens zu erreichen.[63] Dazu dienten seine Siedlungsprogramme, die die Beduinen zu kontrollierbaren landwirtschaftlichen Produzenten entwickeln sollten, zunächst aber erst einmal ihre bisherigen Daseinsformen radikal veränderten. Selbst nach Jahrzehnten waren daraus herrührende Frustrationen großer Teile der bisherigen Nomaden noch nicht überwunden. Die Mobilität ihrer früheren Lebensweise hatte sie zu idealen Werkzeugen der wahhabitischen Expansion gemacht, während die fortschreitende Modernisierung Saudi-Arabiens die Seßhaftigkeit stetig förderte. Viele Beduinen lösten den Widerspruch auf ihre Weise, indem sie sich islamistischen Ideen gegenüber ausgesprochen aufgeschlossen zeigten. Außerdem hatte die Seßhaftigkeit nur in den seltensten Fällen zu einer sozialen Position geführt, die dem Prestige des "freien Wüstenkriegers" auch nur entfernt glich. Die ehemaligen Nomaden besetzten in der Regel die niederen Ränge in den Streitkräften und im Staatsapparat, sie unterhielten kleinste Transport- oder Taxiunternehmen, handelten mit Papieren für ausländische Kontraktarbeiter oder hielten sich mit anderen Gelegenheitsarbeiten bzw. kleineren Dienstleistungen über Wasser. Jede weitere soziale Aufwertung der durch die Modernisierung entstandenen und expandierenden privaten Unternehmerschaft, der Technokraten, hohen Beamten und besonders der Mittelschichten schwächten ihre Position. So entwikkelte sich der Islamismus zu einem geistigen Zufluchtsort für jene, die sich als vernachlässigte Nachhut der sozialen und wirtschaftlichen Entwicklung empfanden.

Nachdem sich eine Reihe offener Widerstandsbewegungen gegen die Āl Saʿūd seit den fünfziger Jahren - aus dem "Zeitgeist" heraus - in nationalistische und/oder panarabische Losungen gekleidet hatte, nahm der islamistische Charakter seit der zweiten Hälfte der siebziger Jahre wieder stetig zu. Im Juli 1977 wurde eine Gruppe von 115 saudiarabischen Offizieren exekutiert, die die Königsfamilie der Korruption bezichtigt und die Schaffung einer islamischen Republik gefordert hatte.

Anfang 1978 tat sich Ǧuhaimān al-ʿUtaibī als besonders aktiver Führer einer sich ausdrücklich in iḫwān-Tradition begreifender Untergrundgruppe hervor, der in illegal verbreiteten Schriften eine kaum noch verhüllte Kampfansage an die Āl Saʿūd formulierte:

> "There are two classes of ruler, one who follows the Koran and the *sunna*, and the other who forces the people to do his will. The people are not obliged to obey to the second class of ruler even if they rule in the name of Islam.
> All Muslim rulers must be from the Quraish. Present Muslim rulers are co-operating with infidels and those who deny God.
> The present trouble began when the people accepted ʿAbd al-Azīz, who hated the *jihad* against the Turks and betrayed King Hussein...
> The royal family is corrupt. It worships money and spends it on palaces not mosques. If you accept what they say, they will make you rich; otherwise they will persecute and even torture you.
> The *'ulama* have warned the royal family about its corruption but ʿAbd al-Azīz ibn Bāz is in the family's pay and has endorsed their actions."[64]

Trotz oder vielleicht gerade wegen der Tragweite der Vorwürfe fürchtete das Regime eine offene Auseinandersetzung mit den Anhängern al-ʿUtaibīs. Im Juni 1978 wurde er zwar zusammen mit 100 seiner Sympathisanten verhaftet, aber nach sechs Wochen Gefängnisaufenthalt und mehreren Unterredungen mit Ibn Bāz als "harmlos" entlassen.

Diese - begründbare - Vorsicht sollte sich als fatal erweisen. Knapp eineinhalb Jahre später erschütterte die bis dahin schwerste islamistische Herausforderung die Herrschaft der Āl Saʿūd. Unter Führung eben jenes Ǧuhaimān al-ʿUtaibīs und unter Propagierung Muḥammad ibn ʿAbdallāh al-Qaḥṭānīs als prophezeitem mahdī besetzten etwa 200 Islamisten im November 1979 die Große Moschee von Mekka.

Der Ablauf der Besetzung soll an dieser Stelle nicht im Mittelpunkt der Betrachtung stehen. Vielmehr sei an einige der wesentlichsten Forderungen der

Besetzer erinnert, weil sie exemplarisch die Zielstellungen und die Ideale des islamistischen Untergrunds in Saudi-Arabien zum Ausdruck brachten. Die Pamphlete Ǧuhaimāns (einige Quellen nennen eine Anzahl von vier[65], andere von sieben[66]) wurden während der Besetzung über Lautsprecher verbreitet und rasch vervielfältigt. Sie wiederholten einerseits die schon im Vorjahr vorgebrachten Vorwürfe, d. h. sie lehnten die Herrschaft der Āl Saᶜūd ab und verurteilten die ᶜulamā für ihre Kollaboration mit dem Regime. Andererseits forderten sie aber auch die Wiederherstellung der islamischen Gesellschaft wie sie zu Lebzeiten des Propheten angeblich bestanden habe. In einem der Pamphlete hieß es wörtlich:

> "Sie diffamieren uns von allen Seiten und erzählen Lügen über uns... Wir sind Muslime, die die šarīᶜa lernen wollten und rasch begriffen, daß sie in den von der Regierung kontrollierten Institutionen nicht gelernt werden kann... Wir haben daher mit den Opportunisten und Bürokraten gebrochen... Wir studieren die authentische sunna und den tafsīr al-ḥadīṯ."[67]

Die Pikanterie in der Mehrzahl der Pamphlete Ǧuhaimāns bestand darin, daß sie mit der von Ibn ᶜAbd al-Wahhāb verkündeten Lehre kongruent schienen. Deshalb also die 1978 zunächst so vorsichtige, am Jahresende 1979 aber um so unnachsichtigere Reaktion des Königshauses. Eine wahhabitisch zu legitimierende Herausforderung stellte in der Tat eine fundamentale Bedrohung dar.

Aber trotz der physischen Liquidierung Ǧuhaimān al-ᶜUtaibīs, al-Qaḥṭānīs und der Mehrzahl ihrer Anhänger, überlebte das islamistische Gedankengut, weil die Grundlagen für eine stetige Revitalisierung erhalten blieben. Auf ihnen bauten in den achtziger Jahren neue soziale Kräfte auf, die den Charakter der islamistischen Bewegung differenzierter und damit auch flexibler gestalteten.

Wohlstand, wirtschaftlicher Aufschwung und weitere Resultate der Reformen Faiṣals hatten Saudi-Arabien eine hohe Geburtenrate beschert. Anfang der neunziger Jahre gingen offizielle Quellen des Landes davon aus, daß 60 Prozent der Staatsbürger jünger als 20 Jahre alt sind.[68] Die ebenfalls von Faiṣal in die Wege geleitete Bildungsoffensive führte - korrespondierend mit dem Geburtenaufschwung - bis Mitte der achtziger Jahre zu einem fast unerschöpflichen Reservoir an Universitätsabsolventen, die in den Boomjahren in großer Zahl vom Staatssektor und -apparat, aber auch von der Privatwirtschaft absorbiert wurden. In der langen Phase der Rezession erreichte der Arbeitsmarkt für Hochschulabsolventen aber zunehmend die Grenzen seiner Aufnahmekapazität.

Die Studenten der "ersten Generation" erhielten ihre Ausbildung noch im wesentlichen in westlichen Schulen und Universitäten. Ihre Probleme erwuchsen eher aus dem Widerspruch zwischen der Studienatmosphäre in den USA, Großbritannien oder Frankreich und den gesellschaftlichen Realitäten nach der Rückkehr, als aus einem Unbehagen über "mangelnden religiösen Eifer" des Regimes. Sie forderten in der Regel eher bürgerliche Freiheiten nach westlichem Vorbild und eine aktivere Beteiligung an den Angelegenheiten des Landes.

Später besuchte die Mehrzahl der saudiarabischen Studenten allerdings einheimische Universitäten, in denen unter dem Eindruck der Rezession und der schwindenden Beschäftigungschancen bald ein allgemeines Klima der "Aufsässigkeit" entstand. Auch leistungsstarken Studenten und Absolventen gelang es kaum noch, selbst eine unter ihrem Qualifizierungsniveau befindliche Erwerbsquelle zu finden, da der Privatsektor aus Kostengründen nach Möglichkeit auf billigere ausländische Arbeitskräfte zurückgriff und der staatliche Bereich an den Grenzen der Expansionsfähigkeit angekommen war.[69] Die oft vergeblichen Bemühungen der Absolventen schlugen auf die Stimmungslage an den Universitäten zurück.

Immer massiver setzte eine Suche nach den Ursachen der Misere und nach möglichen Lösungswegen ein. Wie auch in zahlreichen anderen islamischen Ländern sahen die Suchenden einen Ausweg aus der unbefriedigenden Situation in zunehmendem Maße im Islam bzw. in den - willkürlich herausgelösten - Versatzstücken der Religion, die ihren Wünschen unmittelbar entgegenkamen. Und ähnlich wie in anderen arabischen Ländern erfaßte islamistisches Gedankengut damit auch Teile der Mittelschichten.

Das Aufbegehren an den Universitäten ist also in größere soziale Zusammenhänge einzubetten. Auf jeden Fall hatte sich die soziale Basis des Islamismus in Saudi-Arabien seit den spektakulären Aktionen Ǧuhaimān al-ʿUtaibīs durch diese Entwicklung erheblich verändert. Doch damit nicht genug.

Selbst innerhalb der Geistlichkeit erstarkte eine islamistische, extrem fundamentalistische Komponente. Zu Beginn der neunziger Jahre war eine neue Generation von Geistlichen nachgewachsen, in der Mehrzahl Absolventen saudiarabischer islamischer Fakultäten, die die Religionsausübung im Königreich als sinnentleert empfanden und größere eigene Einflußmöglichkeiten forderten. Jüngere Geistliche wandten sich gegen die statische Hierarchie der ʿulamā in Saudi-Arabien, die sich aus den egalitären Wurzeln zu Lebzeiten Ibn ʿAbd al-Wahhābs durch die stetige Allianz mit en Āl Saʿūd herausgebildet hatte. Sie forderten einen aktiven, einen "politischen" Islam und in der Quintessenz eine Herrschaft der Geistlichen nach iranischem Vorbild.

Die iranische Revolution von 1979 strahlte bekanntlich, Saudi-Arabien betreffend, vor allem auf die relativ benachteiligte schiitische Bevölkerung der Ostprovinz al-Ḥasā aus und induzierte dort offene Aufstandsversuche bzw. einen bis in die Gegenwart fortgesetzten Untergrundkampf.

Wenn es opportun erschien, griff aber auch der sunnitische Extremismus gern auf das iranische Beispiel zurück. In den achtziger Jahren entstanden zahlreiche islamistische Untergrundgruppen wie "Šahīd Ǧuhaimān al-ʿUtaibī", "al-Iḫwān", "Munaẓẓamat aṯ-ṯaura al-islāmīya fiʾl-Ǧazīra al-ʿarabīya" und andere. Sie attackierten vereinzelt Polizeiposten in kleineren Städten, wichen nach massiven Gegenschlägen der Regierung aber mehrheitlich auf die weitaus wirkungsvollere Verbreitung von Propagandamaterial aus. Nach dem erfolgreichen iranischen Vorbild entstand in Saudi-Arabien ein florierender Untergrundmarkt, auf dem insbesondere Tonbandkassetten mit den Auffassungen namhafter Islamisten verbreitet wurden. Nach den wöchentlichen Freitagspredigten erwarben Tausende Gläubige das stets reichlich vorhandene Material.

Frustrierte Studenten und Absolventen sowie auf eine aktivere Rolle drängende jüngere ʿulamā wurden allerdings noch um eine dritte Komponente ergänzt. Diese bestand in dem einige hundert Personen umfassenden Kreis von Exilanten und Emigranten aus anderen islamischen Ländern. Die von der saudiarabischen Regierung traditionell mit Eifer betriebene Unterstützung islamischer Bewegungen im Ausland schloß auch die Asylgewährung für besonders gefährdete Aktivisten dieser Bewegungen ein. Nur dankten es viele der Betroffenen der Staatsführung in ar-Riyāḍ auf ihre Weise. Sie konstatierten die offensichtlichen Widersprüche zwischen Anspruch und Realität des saudiarabischen Staats-Wahhabismus und zogen daraus Schlüsse, die sie der einheimischen Bevölkerung nicht vorenthielten. Einige der "erfolgreichsten" Tonbandkassetten, Broschüren und Abhandlungen des islamistischen Untergrunds in Saudi-Arabien gehen auf Proklamationen ausländischer Gesinnungsfreunde zurück.[70]

Der zweite Golfkrieg eröffnete den Islamisten in Saudi-Arabien bis dato unbekannte Freiräume und lieferte eine Fülle von Argumentationshilfen. Die Verbreitung ihrer Propaganda nahm an Umfang und Verschiedenheit der Inhalte zu und gleichzeitig halblegale Vertriebsformen an. Die Bandbreite der Stellungnahmen reichte von der Behauptung, Kuweit sei ein Opfer seiner eigenen "Sünden" geworden und Saudi-Arabien daher mindestens ebenso gefährdet,[71] über die bekannten Klagen über Korruption im Staatsapparat und in der Königsfamilie, "unerträgliches" Betragen einiger Prinzen[72] und "Orgien" in den saudiarabischen Botschaften bis hin zu sehr wirkungsvollen - da selbst von den regimetreuen ʿulamā kaum zu rechtfertigenden - Fragen nach der Zumutbarkeit glaubensfremder Truppen auf dem Staatsgebiet Saudi-Arabiens. Die Meinung vieler jüngerer ʿulamā, die Geistlichen des Hohen Rates hätten sich durch die Unterstützung des Hilferufs Fahds an den Westen diskreditiert, fand breiten Widerhall unter den Islamisten und ihren Sympathisanten, da sie ihr eigenes Unbehagen theologisch begründet sahen.

Studenten, aber auch der Lehrkörper theologischer Fakultäten äußerten sich ähnlich. Prominente Professoren, wie der Dekan der Fakultät für islamische Studien der Umm al-Qurā-Universität in Mekka, Ǧaʿfar al-Ḥawālī, gaben unmißverständlich ihre Meinung gegen die westliche Militärhilfe kund. "If Iraq has occupied Kuwait, America has occupied Saudi Arabia. The real enemy is not Iraq. It is the West",[73] hieß es in einer weitverbreiteten Erklärung des Gelehrten aus Mekka. Auf einem anderen Tonbandmitschnitt von Reden des Professors konnten die Hörer vernehmen, daß "the animosity between Islam and the West is a matter of fact and will continue. Therefore, it is wrong that such Westerners defend us"[74]. Ermutigt und motiviert durch diese und ähnliche Rechtfertigungen ihrer Auffassungen durch namhafte Theologen, gingen die Islamisten unverhohlen in die Offensive.

Aktivisten drangen in Wohnungen, Häuser und Auslandsvertretungen ein, um das Verhalten der Bewohner zu kontrollieren, alkoholische Getränke zu konfiszieren und allzu unbekümmerte "Ignoranten" auch körperlich zu züchtigen. Zu letzteren gehörten sogar persönliche Vertraute des Königs, unter anderen einer seiner Sprachmittler.[75]

In den achtziger Jahren noch zersplittert, begannen die einzelnen Untergrundgruppen nun aufeinanderzuzugehen. 1990 entstand ein neues Sammelbecken unter der Bezeichnung "an-Nahḍa al-islāmīya".[76] Selbst in der Armee griffen islamistische Ideen um sich. Insbesondere niedere Dienstränge bekundeten offen ihre Sympathie für die Forderungen und Einschätzungen auf den auch unter ihnen kursierenden Tonbandkassetten.

Vorfälle wie der Protestmarsch Tausender Islamisten zum Gouverneurspalast in Buraida, 350 km nordwestlich von ar-Riyāḍ, weil der Gouverneur, Prinz ʿAbdallāh, einem lokalen Imam die Freitagspredigt untersagt hatte, blieben ungeahndet, da die Regierung keine Märtyrer schaffen wollte. Im Gegenteil, der Prinz trat von seinem Posten zurück, als er von König Fahd keinerlei Unterstützung erfuhr.[77]

Dieses Geschehnis kann als bezeichnend für das Verhalten der Āl Saʿūd gegenüber dem islamistischen Untergrund während des zweiten Golfkriegs gelten. Auf den eigenen Fortbestand und den ihres Königreiches fixiert, ließ sie ihn weitgehend gewähren.

Es war vor allem die während des Krieges erworbene Stärke der islamistischen Komponente in Saudi-Arabien, auf deren Boden die Petition der Geistlichkeit vom Mai 1991 reifte. Dem Druck der gläubigen Basis und vieler niederer und mittlerer ʿulamā konnte sich selbst ʿAbd al-Azīz ibn Bāz nicht entziehen. Zahlreiche Forderungen, Klagen und Lagebeschreibungen der Petition können ihre Verwandtschaft zu den Tonbandkassetten des Untergrunds nicht verleugnen.

Erst als die Āl Saʿūd die unmittelbare Gefahr gebannt sahen, nahmen sie sich der neuen Dimension des Islamismus an. Im Frühjahr 1991 vernichteten Razzien der Sicherheitskräfte Tausende Kopien der islamistischen Pamphlete, besonders aktive ausländische Rädelsführer wurden ausgewiesen, inländische inhaftiert oder aus dem Amt entlassen.[78] Erfolgreich dividierte Fahd die führenden ʿulamā und das geistliche "rank and file" auseinander. Die in Jahren und Jahrzehnten entwickelten außerordentlich unterschiedlichen materiellen Besitzstände, hierarchischen Positionen, Einflußmöglichkeiten und - damit verbunden - unterschiedlichen Interessenlagen innerhalb der Geistlichkeit arbeiteten dem König zu.

Die führenden ʿulamā avancierten denn auch zu Wortführern der Einrichtung eines Konsultativrates und der Verabschiedung des "Grundsystems der

Herrschaft", die jungen, kompromißlosen Geistlichen lehnten dagegen beides als überflüssig ab. Der Konsultativrat zementierte ihrer Meinung nach die bestehenden Machtverhältnisse, und das "Grundsystem der Herrschaft" sei geeignet, die šarīʿa auszuhöhlen und durch Zivilgesetze zu ersetzen.

Mit einer derartigen Haltung blieb der erstarkte Islamismus in Saudi-Arabien zwar eine - zudem unberechenbare - politische Größe, aber er schloß sich aus dem gewaltfreien Ringen um ein höheres Maß an politischen Freiheiten und an einer Machtbeteiligung faktisch selbst aus.

Das "liberale" Lager

Ohne Zweifel gingen von bürgerlich-liberalen Kräften in Saudi-Arabien während des zweiten Golfkrieges und auch danach entscheidende Impulse für den Reformprozeß aus, an dessen (vorläufigem?) Ende die Einrichtung des Konsultativrates und die Verabschiedung des "Grundsystems der Herrschaft" stand. Es sei einleitend aber unbedingt angemerkt, daß das Adjektiv "liberal" in diesem Zusammenhang primär einen terminus technicus markiert, da mit dem Begriff "liberal" im westlichen Verständnis üblicherweise Eigenschaften assoziiert werden, die die damit beschriebenen sozialen und politischen Kräfte in Saudi-Arabien nicht in vollem Umfang auszeichnen.

Zusammenfassend und generalisierend sollen damit alle Strömungen erfaßt werden, die weder zum Königshaus noch zu den Geistlichen und den mit ihnen verbundenen Kräften oder auch zu den unteren Schichten der Stadt- und Landbevölkerung gehören. Diese Pauschalisierung birgt natürlich die Gefahr der Vereinfachung in sich. Deshalb werden im folgenden nur jene Schichten herausgehoben, die innerhalb des Lagers über das größte ökonomische Gewicht verfügen, d. h. die privaten Unternehmer, oder die ihre politischen Zielstellungen am deutlichsten artikulierten, d. h. die städtischen Mittelschichten.

Die privaten Unternehmer

Die saudiarabische Unternehmerschaft stellt eine relativ "junge" soziale Schicht dar. Als ʿAbd al-Azīz ibn Saʿūd Anfang des Jahrhunderts mit der politischen Vereinigung der zentralen Arabischen Halbinsel begann, konnte er sich nur auf die Kooperation und fördernde Unterstützung einiger ausgewählter Großkaufleute verlassen. Erst die Eroberung des Ḥiǧāz ermöglichte ihm die Einverleibung einer autochthonen, erfahrenen Kaufmannschaft mit einer erprobten Infrastruktur und mit gesicherten Märkten.

Nachdem deren anfängliches Mißtrauen gewichen war, avancierten die Geschäftsleute aus dem Ḥiǧāz für einige Jahrzehnte zum wichtigsten geschäftlichen Unterbau der Āl Saʿūd im Inland. Ihre faktische Monopolstellung wurde erst durch die Folgen der Erdölwirtschaft nach dem zweiten Weltkrieg sukzessive untergraben. Die durch Petrodollars angekurbelte Wirtschaft erweiterte den Binnenmarkt und setzte neue unternehmerische Kräfte frei. Die Reformen Faiṣals und insbesondere der seit dem Erdölpreisboom immens anwachsende Wohlstand Saudi-Arabiens bewirkten eine weitere - in Potenzkurve anwachsende - Zunahme des unternehmerischen Potentials.

Im Gegensatz zu anderen Staaten des Nahen und Mittleren Ostens führte diese Entwicklung allerdings nicht zu einer Entfremdung bzw. zur Bedeutungslosigkeit bisheriger kommerzieller Oberschichten, sondern sie paßten sich der neuen Entwicklung erfolgreich an und nahmen aufgrund der erheblich gestiegenen Gewinnmargen sogar den Verlust ihrer Monopolstellung weitgehend widerstandslos hin.

Zu dieser Kategorie gehört beispielsweise die Familie ʿAlī Riḍā aus Ǧidda. 1862 hatten zwei Brüder der Familie in der großen Hafenstadt des Ḥiǧāz eine Export-Import-Firma gegründet. Sie knüpften Handelskontakte mit Persien, aber auch mit Äthiopien und Indien. Eine eigene Dampfschiffahrtslinie beförderte später Pilger nach Mekka. 1940 erwarben ihre Nachfahren exklusiv die Vertriebsrechte für Ford-Automobile in Saudi-Arabien. Bis zum Ende der Erdölboomphase zu Beginn der achtziger Jahre gelang es den ʿAlī Riḍās, in nahezu allen profitträchtigen Gesellschaften des Landes (Immobilien, Consulting, Textilindustrie, Elektroindustrie u. a.) Anteile zu kaufen bzw. sich ausländischen Investoren (Westinghouse, ITT, Omega, Tissot u. a.) als Partner anzubieten. Der Familie ʿAlī Riḍā hatte sich aber bis zu diesem Zeitpunkt eine Vielzahl weiterer Handels- und Wirtschaftsimperien zur Seite gestellt, die mit ihnen lediglich den familienstrukturellen Zuschnitt des Geschäfts teilten, ansonsten aber aus eher bescheidenen Verhältnissen stammten und ihren Reichtum fast ausschließlich den Reformen und dem Erdöl verdankten.

Zu ihnen gehört z. B. die Familie um Muḥammad ibn Lādin, der als Bediensteter bei der ARAMCO begann, sich in den fünfziger Jahren mit seinen Ersparnissen am Bau einer Straße im Palastviertel König Saʿūds beteiligte, in den sechziger Jahren den Zuschlag für den Bau einer Schnellstraße zwischen Ǧidda und Medina erhielt und danach zum größten Bauunternehmer Saudi-Arabiens aufstieg.

Oder die Ǧufʿalī's, die bäuerlicher Herkunft waren und nach dem zweiten Weltkrieg mit einem Reifenservice ihre Einkommensgrundlage änderten. Aḥmad Ǧufʿalī[79] investierte die Gewinne zunächst in den lukrativen Import von Elektroartikeln, ehe er zusätzlich dazu die Einfuhr von Mercedes-Benz-Nutzfahrzeugen übernahmen. In den siebziger Jahren begann er schließlich, einige Erzeugnisse der Produktpalette von Mercedes-Benz in Lizenz zu fertigen.

Schon Faiṣal hatte diese Entwicklung engagiert gefördert. Zum einen verhieß die Schaffung einer einheimischen saudiarabischen Unternehmerschaft kräftige Impulse für das von ihm eingeleitete Wirtschaftsprogramm, zum anderen sah er exzellente Anknüpfungspunkte, um die von seinem Vater perfektionierte Inkorporierungsstrategie der wichtigsten politischen und sozialen

Kräfte des Landes in das System - nun mit erheblich umfangreicheren finanziellen Mitteln ausgestattet - auf neue Weise fortzusetzen. In Ermangelung tragfähiger Alternativen übernahmen auch Faiṣals Nachfolger dieses System.

Der seit 1973 mit üppigen Finanzmitteln ausgestattete Staat investierte in kapitalintensive Wirtschaftsbereiche und in die Infrastruktur und lud das private Kapital ein, sich in die gewinnorientierte Finalphase der Projekte einzubringen bzw. die vom Staat vorgefertigten Rahmenbedingungen mit eigenem Kapital auszufüllen. A. Krommer beschrieb die Methode wie folgt.

> "Der Staat hat die Aufgabe, die Entwicklung mit 'ersten' und eventuell 'zweiten' produktiven Investitionen einzuleiten. Träger der wirtschaftlichen Entwicklung soll letztlich jedoch der Privatsektor - durch Vornahme von Anschlußinvestitionen: 'dritte' Investitionen sein."[80]

Es versteht sich von selbst, daß der Staat außerdem außerordentlich begünstigende rechtliche Rahmenbedingungen für dieses Vorgehen schuf.

Trotz der investierten Abermilliarden Petrodollars erfüllte sich das Konzept der Āl Saᶜūd aber nur teilweise. Zufrieden nahm das private Kapital alle Angebote an, die eine rasche Gewinnrealisierung versprachen. Diese fanden sich insbesondere in der Bauwirtschaft, einschließlich der Baustoffproduktion, im Dienstleistungssektor und in einigen Bereichen der Leichtindustrie. Insgesamt blieb das Engagement des Privatsektors im industriellen Sektor aber minimal. Solange das Geschäftsrisiko trotz der staatlichen Förderung und Begünstigung in der Industrie ungleich höher zu veranschlagen war als in anderen Wirtschaftsbereichen, scheute die Mehrzahl der privaten Unternehmer vor einer Laufbahn als "Industriekapitän" zurück. Der große kommerzielle Bereich, insbesondere das Import-Export-Geschäft, versprach einen ungleich rascheren Geldumlauf und zog deshalb den Hauptanteil des Privatkapitals unvermindert an.

Ein drittes Betätigungsfeld des Privatkapitals konterkarierte die Bemühungen Faiṣals und seiner Amtsnachfolger aber am nachhaltigsten. Vor allem in der "überhitzten" Konjunktur der siebziger Jahre entstand innerhalb des Privatkapitals ein breites parasitäres Element, Kontraktoren ausländischer Investoren, Kompradoren, Mittelsleute, Spekulanten, Agenten und Wucherer, die ohne wesentliche Eigenleistungen erhebliche Profite realisierten. Über "Vermittlungsgebühren", Bestechungen und Korruption sicherten sie sich ihren Platz und betrachteten sich als umso ungefährdeter, je erfolgreicher es iḥnen gelang, auch Stammesführer, hohe Geistliche und vor allem Prinzen der Āl Saᶜūd auf ihre "Gehaltslisten" zu setzen.

Das parasitäre Element etablierte sich dauerhaft, es überwucherte auch andere Bereiche des privaten Wirtschaftssektors. Private Geschäftsleute und Unternehmer betreiben gegenwärtig neben durchaus seriösen Vorhaben auch fragwürdige oder illegale, je nach Geschäftslage, Risiko und Gewinnaussichten. Die wachsende Involvierung der Āl Saᶜūd in derartige Wirtschaftspraktiken, die zu einer gewissen "Verbürgerlichung" der königlichen Familie führte, erwies sich als zweischneidig.

Einerseits wuchs die Abhängigkeit des Privatkapitals vom Wohlwollen einzelner Prinzen und letztlich von der gesamten Familie Āl Saʿūd weiter, andererseits brachten Kritiker des Königshauses immer nachhaltiger die unleugbare Verbindung der herrschenden Dynastie mit Tätigkeiten und Verhaltensweisen zu Bewußtsein, die entweder dem islamischen Moralkodex widersprechen oder sogar - selbst nach saudiarabischem Zivilrecht - unter Strafe stehen. In sporadischen Aktionen der Offensivverteidigung ließ die Regierung deshalb zeitweilig sogar Publikationen zu, die sich mit den Auswüchsen von Wucher, Korruption und Veruntreuung, insbesondere im Handelssektor, beschäftigten, um so eine Gegenposition zu suggerieren und den Eindruck zu erwecken, das Problem betreffe nur einen Teilbereich der Gesellschaft und habe noch nicht alle Wirtschafts- und Staatssektoren durchdrungen.[81]

Solange Staat und Königshaus aber über genügend Mittel verfügten, ließ sich die nicht unbedingt den Erwartungen entsprechende Entwicklung der Privatwirtschaft letztlich doch hinnehmen, konnten Kritiker übergangen bzw. mundtot gemacht werden.

Damit entstand allerdings keine Marktwirtschaft, sondern ein System wurde verfestigt, in dem die Regierung weiterhin sowohl Importeure als auch Produzenten und Konsumenten subventionierte. Der Staat schuf sich durch die Verwendung der Erdölrente eine Klientel, die immer engere Verbindungen zu den politischen Entscheidungsträgern suchte. Die so geschützten und hofierten privaten Unternehmer sahen kaum Anlässe, Eigeninitiative und die gesamte Bandbreite unternehmerischer Tugenden zu entwickeln. Dabei wurden sie allerdings auch durch die Zensur und die unzuverlässigen Statistiken behindert, die den Austausch verläßlicher ökonomischer Daten und eine seriöse Marktanalyse unmöglich machten.

Die Versäumnisse offenbarten sich aber erst in der Rezessionsphase der achtziger Jahre in vollem Umfang. Die angesichts des defizitären Staatshaushaltes erheblich eingeschränkte Verteilfunktion der Regierung führte am Königshof und in den Ministerien zu einer intensiven Suche nach Alternativen.

Aus dieser Suche ergaben sich sowohl Kürzungen der Subventionen, der Versuch der Einführung von Gewerbe- und Gewinnsteuern als auch das Bestreben, den Privatsektor nun stärker in die Pflicht zu nehmen und ihm Aufgaben zu übertragen, die bisher weitgehend der Regierung oblagen. Dazu gehörten u. a. Auflagen, den Arbeitkräfteüberschuß absorbieren zu helfen und für die Beschäftigten Sozialabgaben zu leisten, die sonst pauschal der Staat aufgebracht hatte.[82] Die unter dem Druck der knappen Mittel begonnenen Überlegungen und Planungen des Regimes kulminierten schließlich in dem Vorhaben, eine Marktwirtschaft in Saudi-Arabien zu etablieren, die den tendenziell überforderten Staat von wesentlichen Aufwendungen befreit hätte. Die in der

Initialphase durchaus ernstgemeinten Pläne scheiterten aber an mindestens drei unterschiedlichen Hindernissen.

Zum ersten erwies sich die umgehende Verfügung der Marktwirtschaft als nicht durchführbar, denn Märkte entstehen nun einmal nicht durch die bloße Äußerung eines politischen Willens. Die politischen, administrativen und vor allem ökonomischen Vorleistungen der Regierung hätten außerdem so umfangreich ausfallen müssen, daß das Ziel der Mitteleinsparung - zumindest mittelfristig - zur Farce mutiert wäre.

Zum zweiten zeigte der Privatsektor, vor allem die embryonale Industriebourgeoisie, kaum Ambitionen, die ihm/ihr zugedachte Rolle zu übernehmen. Zu lange hatte die Privatwirtschaft am Tropf des Staates gehangen, um nun über Nacht die neue Funktion ausfüllen zu können. Schwächere Unternehmer sahen sich durch die Einschränkungen in den öffentlichen Förderungen erstmals der Gefahr des Konkurses ausgesetzt, die stärkeren verfügten zwar über umfangreichere Rücklagen, gedachten allerdings nicht, sie im Sinne der Regierung zu investieren.

Im Gegenteil, sie nutzten ihre in Jahren gewachsenen Verbindungen zu den Spitzen des Staatsapparates, um das Vorhaben zu hintertreiben. Vehement lehnten sie eine progressive Gewinnbesteuerung ebenso ab wie Abgaben auf den Energieverbrauch, eigene Sozialleistungen für Arbeiter und Angestellte usw. Sie schlugen der Regierung dagegen vor, das "Dumping" durch Auslandsbetriebe zu verbieten und die einheimische Wirtschaft wirkungsvoller zu schützen, d. h. die Subventionen eher noch zu erhöhen. Das Beispiel Saudi-Arabiens zeigt immerhin, daß der private Wirtschaftssektor nicht per se und unausweichlich eine freie Marktwirtschaft favorisiert.

Zum dritten distanzierten sich die Āl Saʿūd schrittweise selbst von ihrem ursprünglichen Vorhaben. Ein Abwägen der Vor- und Nachteile der Orientierung auf die Marktwirtschaft offenbarte bei längerem Nachdenken auch erhebliche Gefahren. Ließ sich eine vom Staat "abgenabelte" private Unternehmerschaft noch ausreichend kontrollieren? Welche vitalen Interessen sollten erfolgreiche, eigene Planungen umsetzende Geschäftsleute noch mit den Zielen der Āl Saʿūd verbinden? Begnügte sich eine starke, unabhängige Privatwirtschaft mit finanziellen Erfolgen oder forderte sie am Ende nicht nur schlechthin Mitsprache, sondern die ungeteilte politische Macht ein? Solange diese Fragen nicht befriedigend beantwortet werden konnten, beließen es die Āl Saʿūd schließlich doch beim alten.

Die politischen und ökonomischen Folgen des zweiten Golfkrieges verstärkten die seit dem Beginn der achtziger Jahre verschleppten Widersprüche erneut. Trotz der unbefriedigenden Erfahrungen investierte die Regierung weiterhin große Teile der knapper gewordenen Mittel in Infrastrukturprojekte und in die Grundlagenindustrie und schuf über den Saudi Industrial Development Fund (SIDF) nach wie vor lukrative Anreize für Privatinvestitionen im industriellen Bereich. Andererseits kam sie aber aus Kostengründen immer weniger umhin, neben den obengenannten Bereichen auch weitere Betätigungsfelder wie Bildung, Gesundheit, Wohlfahrt, Wohnungsbau etc. für den privaten Sektor zu öffnen, fürchtet jedoch weiterhin die unkalkulierbaren Folgen. So behindert sie - ihre eigenen Bemühungen de facto hintertreibend - ernsthafte Profilierungsbestrebungen einzelner oder mehrerer privater Unternehmer.

Erst im August 1993 verbot die Regierung in ar-Riyāḍ das Zustandekommen eines Joint Ventures zwischen Mobil Oil und einer finanzkräftigen Gruppe saudiarabischer Geschäftsleute, die unter dem Namen "Aramchem" die Gründung eines Chemieunternehmens geplant hatten. "Aramchem" wäre der größte private saudiarabische Industriebetrieb geworden. Die mehr als "fadenscheinige" Begründung der Regierung lautete, "Aramchem" ließe die wünschenswerte Kompatibilität zur Saudi Arabian Basic Industries Corporation (SABIC) vermissen.[83] Derartige Ereignisse vermittelten den couragiertesten Vertretern der Privatwirtschaft immer wieder eine Botschaft: Nehmt unsere Unterstützungsleistungen und Angebote beim Wort, aber achtet genau darauf, daß ihr das Kräfteverhältnis nicht verändert!

> "... Saudi Arabia is only at the beginning of the privatization process. For its momentum to build, Saudi citizens will have to do more. And government, perhaps against its own nature, will have to accept that it will have to do less."[84]

Angesichts der beschriebenen Tatbestände erscheint diese erst unlängst vom renommierten Middle East Economic Digest getroffene Einschätzung zwar zutreffend, aber naiv. Veränderung in Richtung auf ein höheres Privatisierungstempo und damit auf eine Marktwirtschaft sind kein Ergebnis "guten Willens", sondern unterliegen grundsätzlichen Überlegungen des Systemerhalts und der Machtsicherung.

Auch nach Jahrzehnten der saudiarabischen Wirtschaftsreformen blieb die saudiarabische Unternehmerschaft schwach und abhängig, obwohl sie ökonomisch in der Regel prosperierte. Von den Āl Saʿūd generell beabsichtigt, wenn auch in einigen Erscheinungsformen als rufschädigend eingeschätzt, entwickelten sich fast symbiotische Beziehungen zwischen der Königsfamilie und den Spitzen des Privatsektors. Zwar gestaltete sich das Verhältnis nicht gleichwertig - ein Prinz etabliert sich problemloser als erfolgreicher Geschäftsmann, als daß ein Kaufmann in den Ministerrang aufsteigen könnte - aber immerhin war auch letzteres möglich und beide Seiten profitierten von der Symbiose.

Selbst König Fahd wird nicht ausschließen, daß einige erfolgreiche Unternehmer im kleinen Kreis die Frage aufwerfen könnten, ob es denn der Āl Saʿūd an der Spitze des Staates auf unbestimmte Zeit bedürfe. Noch ist sich der König allerdings sicher, daß die Mehrheit der privaten Geschäftsleute und Industriellen die gebotene Sicherheit akzeptiert und vor politischen Wagnissen mit ungewissem Ausgang zurückschreckt.

Der Privatsektor nahm das "Grundsystem der Herrschaft" und den Konsultativrat als Geschenk, da er seine Interessen dadurch umfangreicher vertreten sah als zuvor. Aktivitäten in Richtung auf eine Vertiefung des Demokratisierungsprozesses dürfen von ihm aber mittelfristig nur in Ausnahmefällen erwartet werden.

Die Mittelschichten

Eine der nachhaltigsten Folgen der stürmischen Modernisierungen in der saudiarabischen Wirtschaft bestand - wie angeführt - im Entstehen einer zahlenmäßig rasch anwachsenden Mittelschicht. Saudi-Arabien durchlief gewissermaßen in einem "Zeitraffertempo" von wenigen Jahrzehnten eine Entwicklung, für die die Industriestaaten des Nordens Jahrhunderte benötigt hatten.

Zwar bemühten sich die Āl Saʿūd, besonders seit Beginn der sechziger Jahre, die Modernisierungen und Umstellungen vor allem im wissenschaftlichen und technischen Bereich voranzutreiben und die Auswirkungen auf den sozialen, kulturellen und ideellen Sektor des Alltagslebens zu begrenzen, aber die Modernisierung entwickelte eigene Gesetze und eine unwiderstehliche Mobilisierung der Gesellschaft, verbunden mit Auflösungserscheinungen überkommener Strukturen, Wert- und Moralvorstellungen.

Die Zentren des Lebens verlagerten sich in die Städte. Die Sozialstruktur Saudi-Arabiens verlor ihre *ausschließliche* Fixierung auf die Stammesherkunft und die unmittelbare örtliche Prägung. Sie beugte sich vielmehr zunehmend den Einflüssen, die von der rapiden Urbanisierung ausgingen. Natürlich verlief dieser Prozeß widersprüchlich und in mehreren Etappen. Retardierende Momente begleiteten ihn von Beginn an. Patrimonalismus blieb im Ansatz ebenso bestehen wie Rudimente des Denkens und Handelns in tradierten Vorstellungen der Stammesgesellschaft. Eine eigene Literaturgattung, die die "freie" und "ungebundene" Lebensweise der Vorväter verherrlicht, findet in Saudi-Arabien nach wie vor reißenden Absatz, weil sie offensichtlich einen Nerv trifft.[85] Trotz aller Nostalgie befinden sich diese Anschauungen aber irreversibel in der Defensive und machten neuen Wertvorstellungen, Verhaltensweisen und Lebenszielen Platz. Der obengenannte Einschätzung auslösende Urbanisierungsprozeß ist jedoch nicht zu leugnen.

Noch bis zum Ende der fünfziger Jahre lebte die Mehrheit der saudiarabischen Bevölkerung in Dörfern und Kleinsiedlungen. Einige einheimische Forscher machten für diesen Zeitraum sogar noch eine nomadische Bevölkerungsmehrheit von 60 Prozent aus.[86] Die Urbanisierung verlief in einzelnen voneinander unterscheidbaren Etappen[87] allerdings mit fortschreitender Geschwindigkeit. Schon Anfang der achtziger Jahre betrug das beeindruckende Übergewicht der städtischen Bevölkerung immerhin 70 Prozent,[88] am Ende des Jahrzehnts wurden 75 Prozent veranschlagt,[89] die Grenzen des städtischen Bevölkerungswachstums scheinen erreicht.

Wenn die sozialwissenschaftliche Forschung in Saudi-Arabien sich auch scheut, allgemeinere Gesellschaftsmodelle zu entwerfen, Prognosen zu erstellen und Kritik zu üben, so sind ihr doch Erfolge in der Empirie nicht abzusprechen. Diese betreffen das Rechtssystem ebenso wie die Provinzialstruktur und die Bevölkerungsentwicklung. Allerdings werden in der Regel ausländische Fachzeitschriften gesucht, wenn es gilt, aus den Daten Zusammenhänge abzuleiten.

So kam der saudiarabische Soziologe Aḥmad Ibrāhīm aufgrund umfangreicher Detailstudien zu dem Schluß, daß die Urbanisierung in Saudi-Arabien zu rasch und planlos verlaufen sei, sich nur auf einige Zentren konzentriert habe und damit Verwerfungen und negative Entwicklungen zur Folge haben mußte. Er empfahl dringend ein stärker planendes und kontrollierendes Engagement der Regierung.[90]

Diese ungewollten Begleiterscheinungen stellen allerdings schon einen Vorgriff auf die Gegenwart dar, während zu Beginn der Modernisierungen ihre mobilisierenden Elemente eindeutig überwogen. Die aufblühende Industrie und der wachsende Binnenmarkt versprachen Arbeitsplätze. Verwaltungen, Dienstleistungsunternehmen, Schulen, Universitäten, Krankenhäuser und kulturelle Einrichtungen boten Einkommensmöglichkeiten, Bildung und soziale Betreuung und übten damit eine große Anziehungskraft aus.

Das Tempo der Modernisierungen seit Beginn der sechziger Jahre erforderte jedoch die sofortige Bereitstellung eines Bildungspotentials und eines Qualifizierungsniveaus, das für die Mehrzahl der damit verbundenen Tätigkeiten unerläßlich, in Saudi-Arabien aber kaum erhältlich war. Das führte einerseits zu einer beträchtlichen Inanspruchnahme ausländischen know hows, setzte andererseits aber auch eine beispiellose Bildungsoffensive des saudiarabischen Staates in Gang. Tausende von Studenten strömten in den sechziger und siebziger Jahren - mit großzügigen Staatsstipendien versehen - in die namhaften Universitäten des Westens. Gleichzeitig begann der fieberhafte Ausbau der eigenen universitären Struktur. Der Bedarf an Fachkräften zeigte sich als so groß und die finanziellen Möglichkeiten des Staates als so üppig, daß die Bildungsoffensive breiteste Kreise der Bevölkerung erfaßte.

Es dürfte für den inneren Frieden des Landes wesentlich gewesen sein, daß - im Gegensatz zu anderen arabischen Ländern - der Zugang zu höherer Bildung grundsätzlich nicht an die Zugehörigkeit zu höheren sozialen Schichten gebunden war. Die Bildungseinrichtungen stehen grundsätzlich allen einheimischen Interessenten offen, sie offerieren immerhin die Chance des beruflichen Aufstiegs und der finanziellen Saturierung. Die Absolventen wurden Manager, Administratoren, Techniker, leitende Angestellte, Lehrer, Rechtsanwälte, Wissenschaftler, Beamte und Offiziere, sie konstituierten eine breite Mittelschicht.

Je mehr sich für diese neue Bevölkerungsgruppe die Wünsche nach materiellem Wohlstand und achtbarem Sozialprestige erfüllten, um so nachhaltiger traten aber Fragen nach ihrer politischen Rolle hervor. Vielen akademisch gebildeten Angehörigen der Mittelschichten waren im Ausland funktionierende demokratische Strukturen vorgeführt worden, je "moderner" sich Saudi-Arabien gebärdete, um so weniger ließ sich das Land trotz der Zensur aus den internationalen Kommunikationsverbindungen heraushalten.

Es darf angenommen werden, daß König Faiṣal um diese Probleme wußte, als er Anfang der sechziger Jahre sein Reformprogramm im Familienrat durchsetzte. Natürlich mußte die Konzentrierung der wachsenden materiellen und geistigen Potenzen des Landes auf die wirtschaftliche Modernisierung sozialen Wandel mit sich bringen, der zu guten Teilen nicht im Interesse der Āl Saʿūd sein konnte, weil er die überkommenen Machtstrukturen - und diese sahen sie nun einmal mit wenigen Unterbrechungen seit Jahrhunderten an der Spitze der sozialen Hierarchie - tendenziell veränderte. Das Königshaus sah sich vor die Aufgabe gestellt, zumindest einige als unverzichtbar angesehene Wert- und Moralvorstellungen in einer Gesellschaft zu bewahren, deren Normen immer nachhaltiger durch die Wirkungen der modernen Wirtschaftsstrukturen, durch professionelles Wissen, persönliche Verantwortung und Eigenständigkeit geprägt wurden. Eines galt den Āl Saʿūd jedenfalls als sicher: sobald sie diese Entwicklung dem Selbstlauf überließen, würden sie ihre eigene Legitimität unaufhaltsam schwächen.

Selbstbewußte und gebildete Untertanen könnten nur zu rasch ein höheres Maß an Einbeziehung in die Entscheidungsprozesse fordern, wären sogar in der Lage, die Rechtmäßigkeit der Āl Saʿūd-Herrschaft in Frage zu stellen. Der Modernisierung auszuweichen, hätte aber die Revolution bedeutet, und die nachfolgende Entwicklung bestätigte, daß Faiṣal sich offensichtlich - auch angesichts der revolutionären Ereignisse in der Nachbarschaft und der zur gleichen Zeit eingeleiteten ebenso vorbeugenden Bemühungen des Schahs ("Weiße Revolution") - in der Familie durchsetzte.

Einmal beschlossen galt es nun zu überlegen, wie den ausgemachten Gefahren innerhalb der offensichtlich unvermeidlichen Modernisierung die Spitze zu nehmen sei. Ein erster Versuch, das ökonomische und technische Wissen vor allem aus dem Ausland und durch ausländische Spezialisten zu beziehen, um damit der eigenen Bevölkerungsmehrheit Welterfahrung, Bildung und politisches Selbstwertgefühl vorzuenthalten,[91] scheiterte rasch, weil die Eigendynamik der Modernisierung eine weitaus größere Zahl von Spezialisten und Fachleuten forderte, als sie vom Ausland zur Verfügung gestellt werden konnte. So mußten andere Mittel und Wege gefunden werden.

In den sechziger und insbesondere in den boomenden siebziger Jahren begannen die Āl Saʿūd zunächst, aus der Not des Fachkräftemangels eine Tugend zu machen. Die Modernisierung schuf beständig neue Leitungs- und Führungspositionen, die mit kompetenten Technokraten und Spezialisten besetzt werden mußten. Eingedenk der bewährten Inkorporierungsstrategie öffneten die Āl Saʿūd diese hohe Positionsebene für Angehörige der expandierenden Mittelschichten.

Allein die numerische Ausweitung des Ministerrates und die daraus folgende Aufblähung des bürokratischen Apparates bewirkte die Aufnahme einer

Vielzahl der motiviertesten, leistungsbereitesten und daher auch potentiell unruhigsten Intellektuellen in eine neue Elite. Zunächst in den neugeschaffenen Fachministerien eingesetzt, nahm der Anteil von Abkömmlingen der Mittelschichten in der Regierung stetig zu. Die Āl Saᶜūd rekrutierten damit das dringend notwendige Fachwissen für die Administrierung des komplizierter und komplexer gewordenen Staatswesens, behielten aber gleichzeitig durch die unveränderte Besetzung der Schlüsselministerien durch Familienmitglieder die Oberaufsicht. Schließlich sah sich die neue Mittelschichtelite in der Lage, durch Ausnutzung der errungenen Positionen auch materiell zu prosperieren.

Die Āl Saᶜūd sorgten in der Phase wachsender Einkünfte des Staates dafür, daß die materielle Besserstellung nicht auf die Elite beschränkt blieb. Grundsätzlich ähnlich wie im Fall des Privatkapitals vorgehend, nahmen sie die Mehrheit der Mittelschichten durch ein ausgeklügeltes System von Wohlfahrtsleistungen und Privilegien für sich ein und fanden damit letztlich den Königsweg zur Unterbindung reformerischer oder gar revolutionärer Potenzen. Dazu gehörten kostenlose Bildung und Gesundheitsfürsorge, arbeitsrechtliche Verbesserungen wie die Festschreibung von Grundurlaub,[92] Anreize zur Vermögensbildung ebenso wie ein großzügiges Wohnungsbauprogramm. Da der Staat 40 Prozent der Baukosten erstattete und 60 Prozent der Aufwendungen mit Laufzeiten zwischen 20 und 40 Jahren zinslos kreditierte, konnten selbst Bezieher mittlerer Einkommen Wohneigentum erwerben.[93]

Außerdem verzichtete die Regierung auf jegliche Form individueller Steuererhebung unter den Bürgern des Landes. Nicht zu unrecht kalkulierten die Āl Saᶜūd, daß ein Bürger, der keine Steuern zahlt auch weniger berechtigt ist, Forderungen an den Staat, insbesondere die eigene Mitbestimmung betreffend, zu richten. Solange die Finanzquellen jedenfalls allenthalben sprudelten, ertrug die Mehrheit der Bürger Saudi-Arabiens auch das Fehlen politischer Freiheiten.

In den Boomjahren erzielten vor allem individuelle Strategien Erfolge, weniger korporative oder kollektive.[94] Damit wurde der Nährboden für die Bildung politischer Interessenvertretungen de facto ausgelaugt.

Darüber hinaus existiert allerdings noch eine Reihe weiterer Faktoren, die in den sechziger und siebziger Jahren eine breitere Politisierung der Mittelschichten behinderten und die nicht unbedingt dem aktiven Handeln der Āl Saᶜūd entsprangen.

Die saudiarabische Gesellschaft stellte sich bis zum Beginn der Modernisierungen sozial noch wesentlich homogener dar als z. B. in benachbarten Ländern wie Irak, Iran oder Ägypten. Dem Land fehlte ein agrarischer Großgrundbesitz ebenso wie eine differenziertere Bourgeoisie oder eine umfangreiche Bauernschaft. Auf diese Weise bildeten sich in Saudi-Arabien auch nicht die sozialen Friktionen heraus, die in anderen arabischen Ländern schon Jahrzehnte zuvor entstanden waren. Mit dem Aufkommen der Erdölförderung setzte jedoch dann in den fünfziger Jahren auch in Saudi-Arabien ein rapider sozialer Differenzierungsprozeß ein. Da die soziale Heterogenität aber - wie gesagt - noch nicht das Niveau anderer arabischer Staaten erreicht hatte, zeigte sich das Reformprogramm wirkungsvoller in einer seiner wesentlichsten Zielstellungen - der sozialen und politischen Befriedung.

Weil potentiell politisch aktive Mittelschichten quasi erst mit den Reformen entstanden, fehlte ihnen zu Beginn auch jedes Gruppenbewußtsein und jegliche politische Erfahrung. Es sei zudem daran erinnert, daß die Mittelschichten in anderen Staaten Nordafrikas und des Nahen Ostens eine hervorragende Rolle im antikolonialen Kampf gespielt hatten und in diesem Prozeß Profil, Selbstbewußtsein und Durchsetzungsvermögen erwarben. Da Saudi-Arabien nie direkter kolonialer Herrschaft ausgesetzt war, fehlte den dortigen Mittelschichten auch ein derartiges prägendes Feld der Sinnfindung und der aktiven politischen Betätigung. Sie waren es nicht gewohnt, in der nationalen Politik ihre Stimme zu erheben.

Gleichzeitig machte sich auch das Fehlen einer intellektuellen Elite im Exil bemerkbar, die in anderen arabischen Ländern traditionell einen großen Einfluß auf das politische Geschehen in ihren Heimatländern genommen hatte. Die Tausende im Ausland studierenden Bürger Saudi-Arabiens kehrten in der Regel nach der Beendigung des Studiums in die Heimat zurück, um nur nicht den Anschluß im Kampf um berufliche Spitzenpositionen zu verpassen. Für D.E. Long führte dieses Verhalten zu der Einschätzung: "Young men and women (aus Saudi-Arabien - H.F.) studying abroad have never experienced an identity crisis."[95] Diese Verallgemeinerung unterschlägt, daß langjährige Aufenthalte in westlichen Demokratien auch die Wahrnehmungen junger saudiarabischer Studenten beeinflußten. Viele der Widerstandsaktionen in den sechziger und siebziger Jahren - insbesondere vom Militär inszeniert - fanden ihre Urheber in Absolventen westlicher Universitäten und Militärakademien. Allerdings betraf ein derartiges Verhalten tatsächlich nur einen geringen Prozentsatz der Auslandsstudenten, die Mehrzahl interessierte sich lediglich für ihr materielles Wohlergehen.

Das trifft im wesentlichen auch auf die späteren Studentengenerationen zu, die ihre Ausbildung zunehmend an einheimischen Universitäten erhielten. "The majority of the expanding middle class, largely the product of domestic universities, is conservative by nature and does not want 'radical' changes in the saudi way,"[96] befand der israelische Saudi-Arabien-Experte Mordechai Abir.

Also ein Sieg der Āl Saʿūd "auf der ganzen Linie"? Mitnichten! Denn auch das Verhalten der Mittelschichten folgte ähnlichen Mustern wie das der kommerziellen und industriellen Oberschichten. Bis zum Ende der siebziger Jahre gab es kaum Anlässe, die Legitimität der Āl Saʿūd ernsthaft in Frage zu stellen. Individuelle Lebenspläne erfüllten sich, die Mehrheit der Bürger partizipierte am Wohlstand. Damit erfüllten die Herrscher eine ihrer wesentlichsten Aufgaben zufriedenstellend, nämlich für das Wohlergehen ihrer Untertanen zu sorgen und sich damit ihre Legitimität zu verdienen.

Diese Sichtweise sah sich während der Rezession in den achtziger Jahren einem heftigen Erosionsprozeß ausgesetzt. In dem Maße, wie sich die Verteilungsspielräume der Regierung verringerten, monierten schwächere soziale Schichten Ungerechtigkeiten in der Verfügbarkeit der materiellen Güter und der persönlichen Aufstiegschancen und unterstellten den Herrschenden Versagen. Dazu gehörten in zunehmendem Maße auch die Mittelschichten.

Während die unternehmerischen Profiteure des Booms in ihrem Besitzstand - auch durch massive Intervention seitens der Regierung - kaum substantielle Einbußen hinnehmen mußten, traf sie die Mittelschichten auf mannigfaltige Weise. Löhne und Gehälter stagnierten, während die Preise stiegen, an gewohnten Sozialleistungen mußten Abstriche hingenommen werden und - last not least - die Zahl der lukrativen Jobs sank zusehends.

Lange vergangen war die Zeit, in der befähigte Universitätsabsolventen ihre in Saudi-Arabien noch raren Fachkenntnisse einsetzen konnten, um binnen kurzer Frist Minister oder Staatssekretär zu werden. Diese Funktionen waren nun längst mit unterdessen Mittvierzigern und Mittfünfzigern besetzt, die sich an der Spitze der sozialen Pyramide wähnten und sich nur ungern ihrer sozialen Wurzel erinnerten. Aber auch deren Machtgrenzen waren in den vergangenen Jahren offenkundig geworden. Nur zu oft sahen sie sich daran erinnert, daß sie ihre hohen Positionen der individuellen Kooptierung verdankten und nicht etwa einem herkömmlichen, professionellen Bewerbungs- und Ausleseverfahren. Dadurch blieben sie ihren königlichen Gönnern lediglich Ratgeber, ohne eigene und unabhängige Berechtigung zur Entscheidungsfindung.

Auf das Problem "überschüssiger" Absolventen seit Mitte der achtziger Jahre und fehlender Einkommensmöglichkeiten selbst für Fachkräfte wurde an anderer Stelle schon verwiesen. Die Folgen dieser Entwicklung erschöpften sich jedoch nicht im Zulauf für den islamistischen Untergrund.

Viele Absolventen, Intellektuelle und ihre Familien suchten nicht ausschließlich in der Religion eine Lösung ihrer Probleme, sondern begannen ganz praktische Fragen zu stellen. Wie kommt es, daß den Āl Saʿūd in ihrer Lebensführung kaum merklicher Sparwille anzumerken ist? Kann die Mischung aus Korruption, Wucher und Nepotismus an der Spitze der sozialen Pyramide nicht beseitigt werden? Warum dürfen wir unsere Belange nicht in die eigenen Hände nehmen?

Vor allem entlang der letztgenannten Frage entspann sich politischer Zündstoff. Das Gefühl des Ausgeliefertseins, der Bevormundung und der politischen Rechtlosigkeit wurde natürlich in den Situationen besonders spürbar, in denen vitale persönliche Interessen und Bedürfnisse zur Disposition standen. Genügten noch Appelle an die Āl Saʿūd oder war es nicht längst unerläßlich, eigene Interessen selbst zu vertreten? Der kritische Intellektuelle sah einen von den Āl Saʿūd errichteten Staat, den diese nach Kräften schützten, an dessen Ausformung sie ihn aber nicht teilhaben ließen. Solange sein politischer Betätigungsdrang mehr oder weniger gewaltsam unterdrückt wird, kann er keine automatische und vollständig kongruente Übereinstimmung mit den Auffassungen der Herrschenden herstellen. Grundsätzlich kann er sogar den Bruch mit einem System nicht mehr ausschließen, das ihn so scheinbar unabänderlich aus dem politischen Prozeß ausschließt. In Ermangelung politischer Freiräume, Institutionen unabhängiger politischer Willensbildung und unzensierter Medien ließen sich derartige Gedankengänge und Vorstellungen unter den Angehörigen der Mittelschichten und der Intelligenz nur in der Tendenz ausmachen. Trotz verbreiteter Unzufriedenheit zeigten sich auch nicht alle bereit, die Risiken politischer Positionierung einzugehen.

Nichtsdestotrotz genügte der aufgestaute Unmut, um die Mittelschichten während des zweiten Golfkrieges zur führenden Kraft in dem Bestreben nach vermehrter Partizipation in Saudi-Arabien werden zu lassen.

Die "Liberalen" und der zweite Golfkrieg

Das in der westlichen Publizistik entworfene Bild über die innere Verfassung der saudiarabischen Gesellschaft, den hohen Stellenwert des Islam und die schwachen Impulse für ein Wachsen der Demokratie entsprang häufig genug nur Informationen und Klischees aus und über Saudi-Arabien in den siebziger und frühen achtziger Jahren. Noch 1993 - wohlgemerkt *nach* dem zweiten Golfkrieg - kamen Goldberg, Kasaba und Migdal zu der Überzeugung:

> "Along with Saudi Arabia ... are the only places in the Middle East, where ... it is hard to detect even a leaf moving despite the winds of democracy blowing around the region and across the world."[97]

Selbst eine oberflächliche Betrachtung der innergesellschaftlichen Verwerfungen in Saudi-Arabien während des zweiten Golfkrieges hätte zu einer anderen Lagebeschreibung führen müssen. Waren die Autoren vielleicht zu ausschließlich auf das Erstarken des Islamismus fixiert, das sie nur ungern dem Demokratisierungsprozeß zurechnen mochten?

Dabei sammelte sich der "liberale" Widerstand in den ersten Kriegswochen unter anderem um die Forderung, den Islamisten nicht gänzlich das Feld zu überlassen. An der Pressezensur entzündete sich weiterer Unmut. Helle Empörung aber erfaßte große Teile der rezessionsgeschädigten Mittelschichten, als ruchbar wurde, daß einzelne Mitglieder der Königsfamilie selbst den Krieg nutzten, um die schon im Frieden kritisierte persönliche Bereicherung auf höherem Niveau fortzusetzen. Ein sich rasch verbreitender Fall betraf Prinz Muḥammad ibn Nāyif, den Sohn des Innenministers, der sich das Monopol für den Vertrieb von Gasmasken in Saudi-Arabien verschaffte.

In den Wochen der Sorge vor einem möglichen irakischen C-Waffen-Angriff auf Ziele in Saudi-Arabien trachtete jedermann danach, seine Familie und sich optimal zu schützen. Die zu weit überhöhten Preisen verkauften Schutzmittel erbrachten Prinz Muḥammad Millionengewinne.[98] Aufgebracht forderte die

Opposition, den Herrschenden generell die Kommissionsvergabe und -nahme zu untersagen und die Āl Saʿūd auf ihre reichlichen Apanagen zu beschränken.

Im Herbst 1990 kursierten im Untergrund mindestens ebenso viele Flugblätter, Denkschriften und Tonbandkassetten mit Forderungen der "liberalen" Opposition wie islamistische Materialien. Häufig nutzten sie sogar die gleichen Vertriebswege. Zu ihren zentralen Forderungen zählten:

- Einführung von Gesetzen, die die Macht und die Privilegien der herrschenden Elite einschränken. Die Autorität des Gesetzes muß über der Macht des Herrschers stehen.
- Etablierung einer Verfassung und einer daraus abgeleiteten demokratischen Herrschaft, die den Willen des Volkes zum Ausdruck bringt.
- Beschleunigung des Transformationsprozesses aus einer Stammesgesellschaft in eine Gesellschaft, in der alle Mitglieder vor dem Gesetz gleich sind.
- Rechenschaftspflicht der Regierung vor einer gewählten Volksversammlung.
- Verfassungmäßige Garantien für die individuelle Freiheit, Achtung vor der Menschenwürde und Schutz vor einer Rücknahme dieser Garantien.
- Beendigung der Vergeudung der finanziellen, materiellen und geistigen Ressourcen des Landes und Schaffung von administrativen Voraussetzungen, um sie im Interesse der Nation zu nutzen.
- Beendigung der "nutzlosen" Aufrüstung und Abbau des internen Repressionsapparates.
- Rückkehr zu "vernünftigen" Planungsstrategien, um den sozialökonomischen und kulturellen Fortschritt zu sichern.[99]

Im April 1991 gingen die "liberalen" Oppositionellen einen Schritt weiter. Sie eröffneten den Reigen der Petitionen an König Fahd, den die Geistlichkeit erst Wochen später fortsetzte.

43 namhafte Personen, Ex-Minister, Journalisten, Akademiker, Lehrer, höhere Beamte und Angestellte, Kaufleute und Techniker wandten sich mit einem Forderungskatalog an den Monarchen, in dem sie u. a. eine Reformierung der Religionspolitik (Koran und islamische Traditionen seien zu allgemein, um alle Fragen einer modernen Gesellschaft beantworten zu können), eine moderne Verfassung für das Königreich, klare und eingegrenzte Verantwortlichkeiten für die ʿulamā, die Schaffung eines Parlaments, Rechte für die Presse und die Frauen, eine Reform des Rechtswesens u. a. anmahnten.[100] Einzelne der Unterzeichner gingen in Interviews mit ausländischen Presseorganen noch weiter. Sie schlugen den schrittweisen Übergang zu einer konstitutionellen Monarchie, die strikte Einhaltung der Menschenrechte, das Recht auf die Bildung politischer Parteien und Versammlungsfreiheit vor.[101]

Fahd ignorierte die Petition. Obwohl der Krieg entschieden war, schob er wichtigere Aufgaben für sich und seine Regierung vor. Natürlich war ihm letztlich bewußt, daß die ihm übergebenen Forderungen nicht die Visionen einer kleinen Gruppe von Idealisten darstellten. Seit Mitte der achtziger Jahre gingen Statistiken von mindestens 80 000 Studenten an saudiarabischen Universitäten und 20 000 Studenten im Ausland aus, die in jedem gegebenen Jahr die Hochschulen bevölkerten.[102] Mithin hatten die Mittelschichten auch quantitativ eine Größenordnung erreicht, die ein machtbewußter Monarch nicht ignorieren durfte. Als er in den Wochen nach dem Waffenstillstand dann auch prompt damit scheiterte, wieder zur "Tagesordnung" überzugehen, versuchte er, seine "liberalen" und islamistischen Kritiker gegeneinander auszuspielen. Es darf angenommen werden, daß Fahd die führenden ᶜulamā nach der Überreichung der Petition der Geistlichkeit unter anderem mit dem Verweis auf die Forderungen der "Liberalen" wieder auf seine Seite zog. So ähnlich die Zielstellungen in den Manifesten häufig auch anmuteten, in ihrem Wesen unterschieden sie sich doch diametral. Das Schisma im Lager ihrer Widersacher kam den Āl Saᶜūd zweifellos erheblich entgegen.

Wie schon angeführt, griff der König die zentralen Forderungen nach der Einrichtung eines Konsultativrates und der Verabschiedung einer Verfassung ("Grundsystem der Herrschaft") auf, sorgte aber gleichzeitig dafür, daß beide Institutionen die zentrale Machtfrage nicht berührten. Die ᶜulamā und auch einzelne Islamisten gewann er durch die gemeinsame Furcht vor einer Säkularisierung der Gesellschaft, die privaten Unternehmer und die Mittelschichten versuchte er mit der Zusage zu disziplinieren, mit der Modernisierung Saudi-Arabiens fortzufahren und seine Souveränität auch gegen unhaltbare und überspitzte Forderungen der Geistlichkeit durchzusetzen. Wem das nicht genügte, den traf die Härte des Repressionsapparates.

Nicht nur Islamisten sahen sich intensiver Beobachtung und Verfolgung ausgesetzt. Auch innerhalb des "liberalen" Lagers forderte die öffentliche oppositionelle Positionierung Opfer, vor allem, wenn sie organisierte Form annahm.[103]

Als jüngstes Beispiel kann der Umgang mit dem Committee for the Defense of Legitimate Rights (CDLR) gelten, das sieben Intellektuelle am 3. Mai 1993 gleichzeitig in ar-Rīyāḍ und London gründeten. Innenminister Nāyif verbot die Organisation am 15. Mai unter Hinweis auf das geltende Parteiengesetz und ließ den Vorsitzenden des Komitees, Muḥammad al-Musārī, einen Physikprofessor an der König-Saᶜūd-Universität (KSU) in ar-Riyāḍ, verhaften.[104] Wenige Tage später wurden auch die anderen in Saudi-Arabien wirkenden Gründungsmitglieder, ᶜAbdallāh al-Ḥamīd (Arabischprofessor an der KSU) und ᶜĀlī Maḥmūd (Medizinprofessor an der KSU) inhaftiert.

Die geringe Mitgliederzahl von Organisationen wie dem CDLR darf über ihre Bedeutung innerhalb Saudi-Arabiens nicht hinwegtäuschen. Das Fehlen jeglicher unabhängiger politischer Institutionen läßt jede Organisationsgründung zum möglichen Fanal werden. Erst im Sommer 1993 wurden 60 Akademikern die Pässe entzogen, weil sie sich für die Freilassung der inhaftierten CDLR-Gründer ausgesprochen hatten.[105]

Jüngste Verlautbarungen des CDLR lassen eine stärkere Orientierung der Organisation auf den politischen Islam erkennen. Ob sich damit eine generelle Entwicklungstendenz abzeichnet oder ob eher die Möglichkeit raschen Stimmenzuwachses im Mittelpunkt steht, läßt sich zum gegenwärtigen Zeitpunkt noch nicht exakt feststellen.

Es bleibt abzuwarten, wie lange sich die selbstbewußter gewordenen Mittelschichten auf diese Weise noch hinhalten lassen werden bzw. ob Konsultativrat und "Grundsystem der Herrschaft" ein hinreichendes Ventil abgeben. Am 10. April 1994 verbot die Regierung jedenfalls erst einmal vorsorglich die Nutzung von Satelliten-TV und setzte bei Zuwiderhandlung eine Geldstrafe fest. Stattdessen kündigte sie an, das Kabelfernsehnetz auszubauen, in das nur "islamverträgliche", sprich regierungskonforme Programme eingespeist werden können.[106]

Das Herrscherhaus

Die Konzeption König Fahds

In den vorangegangenen Abschnitten standen sowohl die objektiven als auch die subjektiven Triebkräfte des Demokratisierungsprozesses in Saudi-Arabien im Mittelpunkt. Dabei konnte zwangsläufig der Eindruck entstehen, daß die Āl Saᶜūd und König Fahd an ihrer Spitze sich lediglich passiv verhielten, sich anzupassen versuchten und sich Zugeständnisse nur dort abringen ließen, wo sie absolut unvermeidlich erschienen. Dieser Eindruck täuscht insofern nicht, als daß die Königsfamilie in der Tat durch konsequenten Druck von unten und das unermüdliche Bestreben der Opposition die Einwilligung zur Einrichtung des Konsultativrates und zur Verabschiedung des "Grundsystems der Herrschaft" gab. Der - mit Unterbrechungen - seit 1926 geführte Kampf um beide Institutionen beweist eindringlich, daß von der Königsfamilie eine freiwillige Zusage kaum zu erwarten war.

Das Bild der realen sozialen und politischen Entwicklung in Saudi-Arabien gerät indessen auf diese Weise nicht vollständig. Es hieße die Integrationskraft, das Herrschaftswissen und die meisterhafte Beherrschung der für ihr Land notwendigen Herrschaftsmethodik der Āl Saᶜūd zu unterschätzen, wenn sie lediglich als passives "Treibgut" divergierender politischer Bestrebungen dargestellt würden. In dieser Rolle hätten sie mit Sicherheit nicht seit Jahrhunderten die Macht behauptet.

So gilt auch für den Prozeß um die Etablierung von Konsultativrat und "Grundsystem der Herrschaft", daß die Āl Saᶜūd und insbesondere der Monarch in dem fiktiven Moment, als sie beide Institutionen als unumgänglich ansahen, damit begannen, sie nach eigenen Vorstellungen aktiv zu formen. Spätestens seit 1991 verfolgte König Fahd mit ihnen eigene politische Interessen, die er mittels ihrer Vollmachten umzusetzen gedachte.

Daraus allerdings eine Urheberschaft abzuleiten, wäre ebenso verfehlt. Immerhin lassen sich in der wissenschaftlichen Literatur auch Meinungen finden, die den gesamten Prozeß als aktive Politik der herrschenden Elite darstellen. Für D. Brumberg geht der Demokratisierungsprozeß z. B. in den arabischen Ländern mehrheitlich von den herrschenden Oberschichten aus, die erkannt hätten, daß die gewaltigen ökonomischen und sozialen Probleme nicht mehr durch Gewalt und "Tauschhandel (Wohlfahrt und Arbeitsplatzsicherheit gegen Wohlverhalten)" zu lösen sind.[107] Der Verdacht liegt nahe, daß derartige Einschätzungen (unfreiwillig?) Darstellungen aufnahmen, die König Fahd schon vor dem zweiten Golfkrieg zum "Demokraten" stilisierten.[108] In der Konsequenz führt diese Meinung jedoch folgerichtig dazu, Aktion und Reaktion zu vertauschen und damit zu unterschlagen, daß die den Prozeß einleitenden Impulse und Forderungen im Regelfall von den Beherrschten ausgingen - so auch in Saudi-Arabien! Trotzdem trägt die Meinung dazu bei, der Gefahr der unzulässigen Vereinfachung zu begegnen und sich zur Zeichnung eines differenzierteren Bildes zu zwingen.

Die Analyse der Interessen, Motive und Konzeptionen König Fahds kann nur gelingen, wenn sie in Beziehung zum Rahmen seiner Herrschaftsausübung und den daraus abzuleitenden Handlungsfreiräumen gesetzt werden. Auf einige Elemente wurde schon im Zusammenhang mit der Behandlung der regierungstreuen Geistlichen verwiesen, diese und weitere sollen nun noch einmal aufgegriffen werden.

Die westliche Wissenschaft bleibt bei der Beschreibung des Charakters und der Wirkungsweise des saudiarabischen Herrschaftssystems seltsam vage und diffus. Für den amerikanischen Politologen R. H. Pfaff stellt es ein Paradoxon dar, vor allem weil es westlichen Modellen nicht genügt bzw. ihnen auch nicht "nacheifert".[109] Pfaff bedient sich bei seiner Einschätzung eines sehr groben Rasters und gerät bei der Benennung der Herrschaftsform als "feudal" vollends in die Sackgasse. Bekanntlich beschreibt "Feudalismus" ein spezifisches und nicht beliebig zu konfigurierendes Gesellschaftssystem, das in Saudi-Arabien gegenwärtig nicht existiert.

Der Realität näher kommen dagegen alle Analysen, die auf das der Urheberschaft Max Webers zugesprochene patriarchalisch-patrimoniale System zurückgreifen. Demnach sei das patriarchalische Herrschaftssystem eine Form der Machtausübung, die die Strukturen der Familie, des "Haushalts", auf die Gesellschaft überträgt. Die Mitglieder stehen in direktem Unterordnungsverhältnis unter dem Familienoberhaupt und setzen seine Weisungen um. Im Gegenzug genießen sie den Schutz des "Vaters".[110] In diesem Verständnis kann die Herrschaft in Saudi-Arabien als patrimonial charakterisiert werden. Der König beansprucht den Ursprung der Autorität für sich. Er persönlich bestimmt die Richtung der politischen Entwicklung und erwartet von der Familie und vom bürokratischen Apparat, daß diese sie umsetzen.

Trotzdem unterscheidet ihn Grundsätzliches von einem europäischen Monarchen aus dem Zeitalter des Absolutismus. Kein saudiarabischer König konnte für sich in Anspruch nehmen, durch göttliches Recht zu herrschen. Er unterliegt dem islamischen Recht ebenso wie seine Untertanen. Da sich aus dem Anspruch, nach den Bestimmungen des islamischen Rechts zu herrschen, der Kern seiner Legitimität ableitet, ist der König letztlich darauf angewiesen, daß seine Untertanen die Übereinstimmung bestätigen oder sie zumindest nicht in Abrede stellen. ᶜIǧmāᶜ (Konsens) macht einen wichtigen Bestandteil des islamischen Rechts durch die Annahme aus, daß die Meinungsübereinstimmung der gesamten islamischen Gemeinschaft göttlich inspiriert ist, der König allein jedoch nicht. Deshalb sucht er den Konsens mit den Gläubigen, steht der Konsens als Herrschaftsprinzip über - nie gänzlich zu unterbindender - Willkür.

Die Übereinstimmung wird aber nicht etwa durch Wahlen hergestellt, sondern durch die traditionelle Form der Konsultation (šūrā). Insofern bedeutet auch die Einrichtung eines Konsultativrates keinen Fremdkörper im Gefüge des saudiarabischen Herrschaftssystems, nur verbinden sich mit dieser spezifischen Form andere Erwartungen/Befürchtungen als mit denen seiner durchaus vorhandenen Vorläufer.

ᶜAbd al-Azīz ibn Saᶜūd konsultierte sich in der Regel nur mit den fähigsten männlichen Familienmitgliedern, Nachkommen Ibn ᶜAbd al-Wahhābs und den mächtigsten Stammesführern. Diese Personen nahmen die traditionelle islamische Kategorie der ahl al-ḥall wa'l-ᶜaqd (Diejenigen, die lösen und binden) für sich in Anspruch und standen dem Monarchen bei Bedarf mit Rat und Tat zur Seite. Das Gremium überlebte Ibn Saᶜūd als Körperschaft und nahm auch später verschiedentlich entscheidenden Einfluß auf die Staatsgeschicke. 1964 gab erst ein Verdikt der damals 150 Personen umfassenden ahl al-ḥall wa'l-ᶜaqd der Absetzung König Saᶜūds den legalen Rahmen.[111] Von ihrer Zusammensetzung her stellte die ahl al-ḥall wa'l-ᶜaqd aber immer eine Eliteinstitution dar, die nicht den Anspruch erheben konnte, die Vielzahl der unterschiedlichen politischen und sozialen Interessen im Land zu artikulieren und zu vertreten.

Im Zuge des rasanten Transformationsprozesses in Saudi-Arabien wuchs der exklusive Charakter der Institution stetig. Auf die schwindende Eigenständigkeit der ᶜulamā wurde schon hingewiesen.

Besonders dramatische Formen nahm aber der Machtverlust der Stammesführer an. Schon nach dem Ende des Konstituierungsprozesses Saudi-Arabiens war ihre Funktion als Kriegsherren in Stammesfehden und Raubzügen obsolet geworden. Ihre Herrschaftsfunktionen wurden sukzessive von der Regierung übernommen. Der stetige Urbanisierungsprozeß besiegelte dann endgültig die marginale Rolle der ehemals mächtigen Stammesführer. Die Āl Saᶜūd bedienen sich ihrer heute bei Bedarf als Verbindungsglieder zu den Provinzen und zu den verbliebenen Beduinen.

In einer Gesellschaft, die zu drei Vierteln in Städten lebt, verliert die Konsenssuche mit Geistlichen und Stammesführern für den Monarchen an Attraktivität. Fahd und seine Vorgänger behalfen sich mit der sporadischen Einberufung weiterer Konsultationsgremien, wenn es galt, schwierige oder unpopuläre Entscheidungen vorzubereiten. Die Auswahl der zu Konsultierenden erfolgte aber auf individueller Grundlage, d. h. es manifestierte sich keine Gruppenrepräsentanz in den verschiedenen - flüchtigen - Konsultativräten. Die Zusammensetzung erschwerte eine zügige Arbeit, Entscheidungen wurden häufig so lange vertagt, bis sie sich von selbst erledigten. Wochen und Monate regierten die Könige ohne jegliche Konsultation.

Sie liefen auf diese Weise Gefahr, den Kontakt zu den Problemen des Landes und den Interessen ihrer Untertanen zu verlieren. Da ihre Legitimität aber unverändert vom Konsens mit der Mehrheit der Gläubigen abhängt, konnten sie den Prozeß nicht dem Selbstlauf überlassen. Fahd war der erste, der die Zeichen der Zeit - unter dem Eindruck der Erschütterungen des zweiten Golfkrieges - erkannte und entsprechend handelte. Bis zuletzt galten seine Hauptvorbehalte der *Permanenz* der Institution Konsultativrat, der nun jeden seiner Schritte begleiten sollte.

Der Regierungsstil wird sich dadurch teilweise ändern müssen. Aber der König gewann die ungleich wertvollere Möglichkeit, den Konsens mit der Bevölkerungsmehrheit wiederherzustellen bzw. zwischen sich und eine repräsentative Demokratie ein Zwischenglied zu schalten. Auch in weit profanerem Sinn versprachen Konsultativrat und "Grundsystem der Herrschaft" eine willkommene Pufferfunktion. Ohne die beiden Gremien war es nur natürlich, daß Forderungen, Beschwerden und Einwände direkt an den Monarchen adressiert wurden. Fahd erinnerte sich noch zu gut der ihm im Frühjahr 1991 überreichten Petitionen. Tempo und Komplexität des Modernisierungsprozesses sowie die enormen Probleme bei der Überwindung der Rezession ließen weitere Unmutsbezeugungen der Bevölkerung erwarten. Diese vermag er aber nun weitaus besser zu kanalisieren, zum einen unter Verweis auf das "Grundsystem der Herrschaft", zum anderen mit dem Hinweis, sich an den Konsultativrat zu wenden.

Trotzdem hatten sich damit an den realen Machtverhältnissen keine substantiellen Veränderungen vollzogen. Der König behält sich auch weiterhin das Recht vor, die Zusammensetzung des Rates zu bestimmen, seine Empfehlungen zu negieren oder ihn gegebenenfalls sogar zu entlassen. Die entscheidenden Trümpfe gab er also nicht aus der Hand.

Natürlich ließen die ihm überreichten Petitionen keinen Zweifel daran, daß die Auseinandersetzung eine Fortsetzung finden wird, daß die bloße Etablierung des Konsultativrates und des "Grundsystems der Herrschaft" nur eine Zwischenetappe markiert. Die Opposition wird weiter danach trachten, den Rat mit Entscheidungsvollmachten zu versehen und seine Mitglieder wählen zu lassen.[112] In der Zwischenzeit versieht die Existenz von Konsultativrat und

"Grundsystem der Herrschaft" den Monarchen immerhin mit der Möglichkeit, vor allem seine geistlichen Widersacher zu disziplinieren und seinen Modernisierungsbestrebungen, bei denen er sich in Übereinstimmung mit den politisch aktiven Schichten der Bevölkerung weiß, Nachdruck zu verleihen.

An der Fortsetzung der Modernisierungen bleibt Fahd auf elementare Weise interessiert. Die Gründe, die Faiṣal Anfang der sechziger Jahre zu ihrem Beginn bewegten, bestehen trotz aller Veränderungen fort. Der zweite Golfkrieg verstärkte außerdem die Überzeugung der Āl Saʿūd, daß ihr Überleben nicht zuletzt auch von der Unterstützung durch den Westen abhängen kann. Dieser wiederum ist auf Dauer nur durch den überzeugenden Nachweis zu gewinnen, daß Saudi-Arabien, bei aller Bewahrung des Eigenständigen, schließlich doch danach strebt, mit den Haupttendenzen der globalen Entwicklung Schritt zu halten. So hieß es in der Grußadresse Fahds an die Eröffnungssitzung des Konsultativrates auch nur folgerichtig: "...while adhering to shariah, the kingdom would utilize the latest technology for economic development."[113] Modernisierung und Westanbindung bedürfen unbedingt der Leistungsbereitschaft und Zustimmung der modernen Mittelschichten und der privaten Unternehmerschaft. Deshalb fanden die Forderungen dieser Kräfte auch bei weitem zahlreicher Eingang in die Bestimmungen des "Grundsystems der Herrschaft" als etwa die Vorhaltungen der Geistlichkeit, obwohl diese häufig dieselben Begriffe verwendeten (Konsultation, soziale Gerechtigkeit etc.).

Dem Widerstand der ʿulamā begegnete Fahd mit der Befolgung unumgänglicher Formalitäten und einer geschickten Wortwahl. Die von ihm weitsichtig organisierte Interimsphase zwischen März 1991 (Ankündigung zur Einrichtung des Konsultativrates und des "Grundsystems der Herrschaft") und dem 1. März 1992 (Verabschiedung der drei Dekrete: 1. Konsultativrat, 2. "Grundsystem der Herrschaft" und 3. Ordnung der Provinzen, die der Ankündigung schließlich Gesetzeskraft verliehen) nutzte er, um sich auf alle Eventualitäten vorzubereiten. In der Erläuterung zu den Dekreten verkündete Fahd z. B.:

> "...das Königreich (hat) sich niemals im Zustand eines 'verfassungsmäßigen Vakuums' befunden... Der ganze Staatsapparat (funktioniert) auf der Grundlage von Gesetzen, die von der Scharia hergeleitet und von ihr bestimmt (sind). Der Zweck der neuen Gesetze (besteht) darin, etwas zu stärken, was bereits (existiert) und etwas zu formulieren, was de facto bereits in Kraft (ist)."[114]

Auch in der eigentlichen Frage der Verfassungsbenennung verfiel der Monarch auf eine "elegante" Lösung. Demonstrativ ließ er im Eröffungsparagraphen des "Grundsystems der Herrschaft" festschreiben: "Die Verfassung Saudi-Arabiens ist das Buch Gottes (Koran) und die Sunna des Propheten."[115] Deshalb erhielt das neue Grundgesetz auch nicht die Bezeichnung "Verfassung", sondern "Grundsystem der Herrschaft".

Aber auch mit der Einrichtung des Konsultativrates ging es nach der einjährigen "Denkpause" nun zügiger voran. Am 19. August 1993 veröffentlichte das

Büro des Königs die Namensliste des 61köpfigen Gremiums. Am 29. Dezember 1993 trat der Konsultativrat in ar-Riyāḍ zu seiner konstituierenden Sitzung zusammen. Nachdem zunächst vierzehntägige Tagungsintervalle vorgesehen worden waren, ging der Rat mit ausdrücklicher Billigung des Königs 1994 zu einem wöchentlichen Rhythmus über, später traf er sich sogar zweimal pro Woche. Die Häufigkeit der Sitzungen deutet immerhin darauf hin, daß der König die Vorteile eines Beratungsgremiums schätzen gelernt hat, das noch unverbraucht scheint und dem er deshalb auch andere Ratschläge als die gewohnten zu entlocken hofft.

Dieser Zielstellung hatte Fahd durch die Zusammensetzung der Körperschaft Vorschub geleistet. Nachdem mit Ex-Justizminister Ǧubair der Vorsitzende lange berufen war, ernannte Fahd den ehemaligen Vorsitzenden der World Muslim League, ᶜAbdallāh ᶜUmar Naṣīf, zum Stellvertreter. Ansonsten versammeln sich zweimal pro Woche junge Berufstätige aus den Mittelschichten, Privatunternehmer und Akademiker. 32 Mitglieder können den Abschluß einer westlichen Universität vorweisen. Ihre Amtszeit erstreckt sich über vier Jahre, die Tätigkeit wird vergütet.

Das Wirken des Konsultativrates erweckt den Anschein, als ob König Fahd die Vorteile des Gremiums nach Kräften nutzt, das ihm zunächst aufoktroyiert schien, am Ende aber so ganz seine Schöpfung ist.

Ultrakonservative Gegenspieler

Die mehrere Tausend Personen umfassende Familie Saᶜūd fungiert in Saudi-Arabien faktisch als staatstragende, unabwählbare, herrschende Partei. Nicht genug, daß die Familie Parteien als solche verbot, es existiert keine andere politische Kraft in dem Land, das - bezeichnend genug - auch den Namen der herrschenden Familie trägt, die alleine in der Lage wäre, die Āl Saᶜūd zu stürzen.

So maßlos sich manche andere Partei in benachbarten arabischen Staaten in ihrem Machtanspruch auch gebärden mag, ihr fehlt doch der einzigartige Vorteil der Zugehörigkeit aller "Mitglieder" zu einer Familie.

Wenn in Saudi-Arabien die Bedeutung des Stammes insgesamt einen Niedergang erfuhr, so blieb doch die Institution der Familie von dieser Abwärtsentwicklung verschont. Familienbeziehungen werden aufmerksam gepflegt, in ihnen leben auch Versatzstücke der Stammessitten fort. Heiraten werden auch weiterhin sorgfältig geplant, um die Integrität und das Prestige der Familie zu bewahren.

Angehörige der *Familie* Saᶜūd finden sich so modellhaft in allen wesentlichen Bereichen des gesellschaftlichen Lebens des Landes, vom Staatsapparat über die Privatwirtschaft bis hin zu den Nischen der Kultur. Sie wirken als Transmissionsriemen und Multiplikatoren für die im Familienrat beschlossenen Vorgaben an die Basis und gleichzeitig auch als tausendfacher Seismograph für feinste Stimmungen und Strömungen in der Gesellschaft. Es versteht sich von selbst, daß alle sicherheitsrelevanten Positionen des Staates mit Familienangehörigen besetzt sind. 32 der knapp 40 männlichen Nachkommen (die Angaben schwanken) von ᶜAbd al-Azīz ibn Saᶜūd wirken gegenwärtig in Funktionen, die in direktem Zusammenhang mit der Sicherheit des Staates - sprich mit dem Machterhalt der Āl Saᶜūd - stehen.[116]

Es sei nicht verschwiegen, daß diese Zwistigkeiten durchaus existieren. Schon die Größe der Familie läßt eine allwaltende Harmonie nicht zu. Dabei sind die innerfamiliären Widersprüche vielfältiger Natur. Auf der untersten Stufe finden sich die üblichen persönlichen und privaten Reibereien wie in allen Großfamilien, darüber rangiert das Konfliktpotential, das sich aus der unterschiedlichen Position der verschiedenen Familienfraktionen zu den Schaltstellen der ökonomischen und politischen Macht ergibt, und höchste Priorität - da potentiell am gefährlichsten - genießen konträre Positionen in Fragen der Ideologie und der politischen Strategie.

Obwohl es Staatsgründer Ibn Saᶜūd auf nahezu perfekte Weise verstand, die zentrifugalen Kräfte auf der Arabischen Halbinsel zu zügeln, die bedeutendsten Stämme an sich zu binden und die Thronfolge in geregelte Bahnen zu lenken, hinterließ gerade seine Integrationspolitik eine Situation, in der drei Fraktionen innerhalb der Familie - aus unterschiedlichen Gründen - eine deutlich privilegierte Position einnahmen.

Wird die Gegenwart zum Maßstab genommen, dann obsiegten die persönlichen Vorlieben des Staatsgründers, denn die sieben Söhne, die Ibn Saᶜūd mit seiner Lieblingsfrau, Hazzaᶜ bint Āl Sudairī, zeugte (Sudairī Sieben), nehmen die höchsten Ränge in der familiären Hierarchie ein. König Fahd gehört ebenso zu ihnen wie Prinz Sulṭān, der Verteidigungsminister, Prinz Nāyif, der Innenminister, Prinz Salmān, der Gouverneur von ar-Riyāḍ, Prinz Turkī, der Geheimdienstchef, Prinz Aḥmad, der stellvertretende Innenminister und Prinz ᶜAbd ar-Raḥmān, der "Rat für Angelegenheiten der königlichen Familie". Die Āl Sudairī konzentrierten ihren Ehrgeiz früh auf die Einnahme von Schlüsselpositionen in der Regierung und im übrigen Staatsapparat. Mit dem Fortschreiten der Modernisierungen wuchs die Bedeutung des Staatsapparates, bedeutete das Bekleiden von Regierungsämtern einen fast monopolistischen Rang innerhalb der Familienhierarchie. Folgerichtig zählen die Āl Sudairī auch zu den eifrigsten Wortführern weiterer Modernisierungen.

Die zweite Fraktion verdankt ihre Bedeutung dem Paktieren Ibn Saᶜūds mit den wichtigsten Stämmen des Landes. Dazu zählen vor allem die Āl Šammar und die Āl Ṯunayān. Eine Frau aus dem Šammar-Stamm schenkte Kronprinz ᶜAbdallāh das Leben, König Faiṣal nahm eine Āl Ṯunayān zur Hauptfrau. Die Verwandten seiner Frau bereicherten seine Regierungskunst nicht unbeträchlich, galten die Āl Ṯunayān doch schon den Osmanen als befähigte Verwaltungsfachleute.[117]

Ibn Saᶜūd hatte seiner Familie noch auf dem Totenbett das Versprechen abgenommen, die mütterlicherseits unterschiedliche Stammesanbindung seiner

Söhne zu beachten und bei der Thronfolge zu berücksichtigen. Monopolstellungen sollten tunlichst vermieden werden. So folgt auf den Sudairī (Fahd) ein Šammar (ᶜAbdallāh), genauso wie der Vorgänger Fahds, Ḫālid, zu den Ǧilūwīs gehörte.

Damit ist die Überleitung zu jener dritten Fraktion, eben jenen Ǧilūwīs gegeben. Sie verdanken ihre Bedeutung nicht etwa ihrer zahlenmäßigen Stärke oder einem besonderen Adel der Stammesherkunft. Vielmehr gehörten sie zu den engsten Gefährten Ibn Saᶜūds, als er 1902 von Kuweit aus aufbrach, um ar-Riyāḍ für seine Familie zurückzuerobern und danach die staatliche Vereinigung Zentralarabiens in Angriff zu nehmen. Neben einzelnen Monarchen (außer Ḫālid besaß auch König Saᶜūd eine Mutter aus der Familie Ǧilūwī) stellten die Ǧilūwīs traditionell die Gouverneure der Erdölprovinz al-Ḥasā. Mit dem Machtantritt König Fahds erfuhren die Ǧilūwīs allerdings einen gewissen Machtverlust. Sein Vorgänger hatte sich vornehmlich auf den Ratschlag von Familienmitgliedern seiner Mutter gestützt, eine Praxis, die Fahd zu ändern gedachte. Er umgab sich eher mit Nachkommen König Saᶜūds und Abkömmlingen eines Familienzweiges, der im 19. Jahrhundert infolge eines Familienzwists geächtet worden war. 1986 bedachte Fahd einen seiner eigenen Söhne mit der Provinz al-Ḥasā und vertiefte damit die interne Fehde mit den Ǧilūwīs.[118] Das muß jedoch keinesfalls bedeuten, daß sich die Familie dauerhaft im Abseits befindet.

Auf diesem innerfamiliären Kräftedreieck basierend und ergänzt durch die schon vor Ibn Saᶜūd privilegierte Stellung der Āl aš-Šaiḫ, entwickelte sich sporadisch ein Kampf um geistige Inhalte und Zielstellungen der Āl Saᶜūd insgesamt - d. h. auch der Landespolitik.

Es bleibt müßig zu spekulieren, ob Kronprinz ᶜAbdallāh in der Regel eine ultrakonservative Haltung vertritt, weil die "progressive" Position durch die Āl Sudairī schon besetzt ist, oder ob sie seiner inneren Überzeugung entspricht. Jedenfalls steht ᶜAbdallāh an der Spitze einer Gruppe innerhalb der Familie, der Richtung und Tempo des Modernisierungsprozesses ebenso suspekt sind wie die von den Āl Sudairī forcierte Westanbindung (Bandar ibn Sulṭān fungiert als Botschafter in den USA) und die ihrer Meinung nach vernachlässigte Integration in die arabische Welt. Folgerichtig genießt ᶜAbdallāh das demonstrative Wohlwollen der ᶜulamā und vertritt insgesamt eine ablehnende Haltung gegenüber "modischen" Einrichtungen wie dem Konsultativrat und dem "Grundsystem der Herrschaft". Außerdem zementiert er beständig seinen Rückhalt in der von ihm befehligten und aus Stammeskräften rekrutierten Nationalgarde.[119] Diese auch als "Weiße Armee" bekannte Truppe dient als Auffangbecken für die Sprößlinge weniger wichtiger Stämme, die darin als Offiziere dienen und deren Klienten als Soldaten.[120] Damit wird jedenfalls verständlich, daß ᶜAbdallāh auch vielen Beduinen als Bewahrer altvertrauter Wertvorstellungen gilt.

Solange ᶜAbdallāh nicht als König gezwungen wird, die Konsequenz seiner Position in der Regierungspraxis nachzuweisen, bleiben seine Kritiken und Einwände ein Ärgernis für König Fahd. Trotzdem bleibt es müßig zu spekulieren, ob es der Einfluß des Kronprinzen war, der Fahd bewog, 1990/91 gegenüber der "renitenten" Geistlichkeit so unverhältnismäßige Milde an den Tag zu legen. Immerhin wurden selbst ᶜulamā, denen eine aktive Beteiligung an der islamistischen Propaganda nachgewiesen werden konnte, nicht etwa inhaftiert (wie ansonsten üblich), sondern lediglich vom Dienst suspendiert.[121] Der König kann die Geistlichkeit nur bis zu einem bestimmten Punkt gängeln, wenn diese in ᶜAbdallāh das Kontrastprogramm ausmacht. Die Absetzung König Saᶜūds 1964 steht als Menetekel ebenso im Raum wie das Übergehen Muḥammad ibn ᶜAbd al-Azīz' in der Thronfolge nach der Ermordung Faiṣals wegen "Uneignung aus wahhabitischer Sicht"[122] und der Mühe, seinen in der Jugend erworbenen Ruf als Verschwender, Spieler und zeitweilig "lauer" Muslim vergessen zu machen.[123]

Wohlgemerkt, ᶜAbdallāh befindet sich nicht in der Position einer "grauen Eminenz", aber seine Stärke besteht in der personifizierten Mahnung, die Einheit zwischen Wahhabismus und Āl Saᶜūd nicht anzutasten.

Sporadische Schübe von besonders strenggläubigem Verhalten erfassen allerdings auch prominente Familienmitglieder, die ansonsten nicht in der Entourage ᶜAbdallāhs ausgemacht werden. Prinz Salmān (Āl Sudairī) ließ als Gouverneur der Hauptstadt im Frühjahr 1991 einen Prinzen öffentlich auspeitschen, dem vorgeworfen wurde, in einer Ladenzeile eine Passantin belästigt zu haben.[124]

Die "fließenden" Grenzen zwischen den Lagern und Familienfraktionen kommen auf der anderen Seite aber auch den Interessen König Fahds entgegen.

> "In practice neither group is all that homogenious, especially when the generation gap parallels the education gap between the orthodox conservative ... (old - H.F.) and the 'progressive', urban, young, ambitious princes. But such polarization is not confined to the Jilwa and Sudairi branches. There are other branches, including families ... and cliques of brothers and half-brothers, sons and grandsons which cut across the traditional divisions..."[125]

ᶜAbdallāh nimmt schon zu lange die Rechte und Pflichten des Kronprinzen wahr, um noch glauben machen zu können, daß er bereit wäre, die Familienräson seinen Überzeugungen zu opfern. Auch er kalkuliert, daß ein offenes Schisma innerhalb der Āl Saᶜūd unabsehbare Folgen nach sich ziehen könnte und ihn am Ende in eine Situation brächte, in der er niemals den Thron besteigen würde.

Die Scheu der Āl Saᶜūd, Einblicke in ihr Familienleben zu gewähren, trug mit dazu bei, ᶜAbdallāh als "Gallionsfigur" der ultraorthodoxen Familienmitglieder namhaft zu machen. Wenn schon er die letzte Konsequenz vermissen läßt, darf von seinen vorhandenen, aber nur diffus auszumachenden Parteigängern innerhalb der Familie erst recht keine offene Revolte erwartet werden. Die Resultante der Familienmeinungen unterstützt König Fahd.

Die "jungen" Prinzen

Etwa 5000 Prinzen[126] bilden den Kern der "Partei" Āl Saʿūd. Durch ihre bloße Präsenz in allen wesentlichen Bereichen des politischen, militärischen und wirtschaftlichen Lebens des Landes tragen sie entscheidend zur Stabilität der Familienherrschaft bei. Ihr Handeln wird grundsätzlich von dem Bestreben geleitet, ihren Teil dazu beizutragen, die beherrschende Rolle der Āl Saʿūd zu sichern und fortzusetzen. Trotzdem existieren unter den Prinzen merkliche Interessenunterschiede, die über die im vorangegangenen Abschnitt behandelten Erscheinungsformen hinausgehen.

Eines der Hauptprobleme besteht in der relativ kurzen Existenz des Königreiches, mit der Folge, daß die grundlegenden Herrschaftsstrukturen immer noch von ʿAbd al-Azīz ibn Saʿūd geprägt sind. Der Staatsgründer verfügte - neben der bereits angesprochenen alternierenden Beteiligung der wichtigsten Stämme an der Thronfolge - daß ihm generell seine Söhne im Amt nachfolgen sollten. Damit schuf er eine "horizontale" Thronfolge mit einschneidenden Auswirkungen auf die Generation der Enkel und Urenkel. Nach Alter und mütterlicher Familienzugehörigkeit gestaffelt, sollte einer seiner Söhne nach dem anderen über das von ihm geschaffene Königreich herrschen und nicht etwa sein ältester Sohn, also Saʿūd, die Königswürde wiederum an seinen ältesten Sohn weitergeben.

In der Praxis bedeutete diese Festlegung, daß erst der jüngste direkte männliche Nachkomme Ibn Saʿūds das Königsamt innegehabt haben muß, ehe die fähigsten Prinzen der Enkelgeneration überhaupt Ansprüche anmelden könnten. Die Chancen, innerhalb überschaubarer Fristen die Insignien der Macht angetragen zu bekommen, erwiesen sich deshalb für die Angehörigen der dritten oder gar der vierten Familiengeneration seit der Staatsgründung als minimal.

Ibn Saʿūd trachtete mit dieser Gleichstellung der Enkel und Urenkel danach, dynastiegefährdende Machtkämpfe unter seinen zahlreichen Nachkommen zu vermeiden. Das Kalkül mag im Grundsatz aufgegangen sein, aber er frustrierte damit letzten Endes eine ganze Generation.[127] Seit dem Tod Ibn Saʿūds fanden die Enkel deshalb immer wieder Ventile, um ihrer Unzufriedenheit Ausdruck zu verleihen. Auf der untersten Stufe ihrer "Trotzhaltung" stand die Ersatzbefriedigung mittels Verschwendung, aufwendigem Lebensstil, hemmungsloser Bereicherung und Parasitentum, die ursächlich zum "angeschlagenen" Ruf der Āl Saʿūd beitrugen. Ungleich gefährlichere Formen nahmen aber die sporadisch immer wieder unternommenen Versuche an, doch aktiv und direkt auf das politische Leben des Landes Einfluß zu nehmen. Schon ein willkürliche Auswahl beweist, daß davon kein Jahrzehnt seit dem Ableben Ibn Saʿūds verschont blieb.

Ende der fünfziger Jahre beteiligten sich die damals "jungen" Prinzen engagiert an der Machtbeschneidung König Saʿūds und der Wegbereitung für den pragmatischen, Modernisierungen verheißenden Faiṣal. Der 24. März 1958 ging in die Familienchronik als der Tag ein, an dem zwölf junge Prinzen (unter ihnen Fahd) eine Unterredung zwischen Saʿūd, Faiṣal und ʿAbdallāh unterbrachen und ersteren zum umgehenden Thronverzicht aufforderten. Faiṣal lehnte damals die ihm angetragene Königswürde ab, aber das Ende der Amtszeit Saʿūds war vorgezeichnet.[128]

Anfang der sechziger Jahre drängte eine Gruppe "Freier Prinzen" um Ṭalāl ibn ʿAbd al-Azīz in die internationalen Schlagzeilen, die einen radikalen Kurswechsel der Politik Saudi-Arabiens forderten und das Ziel vertraten, das Königreich zu einer Bastion des panarabischen Nationalismus zu gestalten.

In den siebziger Jahren waren einige jüngere Prinzen sogar an militärischen Umsturzplänen beteiligt. 1978 unternahmen fünf hohe Offiziere den Versuch eines Militärputsches, der rasch vereitelt wurde. Während jedoch nach einem gleichgearteten Unternehmen im Vorjahr die über einhundert Rädelsführer noch summarisch hingerichtet wurden, genügte diesmal der Beweis der Beteiligung von Mitgliedern der Āl Saʿūd, um die entlarvten Prinzen des Landes zu verweisen und die Offiziere nach Libyen "entkommen" zu lassen.[129]

Der Zwischenfall beschleunigte im Familienrat die Suche nach Wegen, um eine Wiederholung der Beteiligung von Prinzen an gewaltsamen Umsturzversuchen auszuschließen. Das Angebot mußte umfangreicher und attraktiver sein als die bisher verfolgte Praxis, den Sprößlingen eine Offizierslaufbahn nahezulegen oder bei ihren zweifelhaften Kommissionsgeschäften Ahnungslosigkeit vorzutäuschen.

Der schließlich gefundene Lösungsweg ergab sich am Ende fast von selbst. Seit Mitte der sechziger Jahre hatten auch die jüngeren Angehörigen der Āl Saʿūd ihre höhere Bildung mehrheitlich im westlichen Ausland erworben. Dutzende von Prinzen kehrten mit Diplomen und Promotionsurkunden namhafter Universitäten in die Heimat zurück. Was lag daher näher, als sie in den Modernisierungsprozeß zu integrieren und ihnen damit nützliche Betätigungsfelder zu schaffen? Natürlich mußte die Integration an privilegierter Stelle erfolgen, um ihren Zweck zu erfüllen.

Wie insbesondere die Sudairī-Brüder bewiesen, bedeutete die bloße Zugehörigkeit zu den Āl Saʿūd noch nicht die Garantie für direkte politische Macht. Diese war nur durch ein hohes Regierungsamt zu erringen. So begann die Familie gezielt neue Posten zu schaffen, Ministerien auszuweiten, neue einzurichten, den Umfang der Ministerialbürokratie, aber auch anderer administrativer Einrichtungen insgesamt zu erhöhen. Natürlich beeinträchtigte dieses Vorgehen die Effektivität der Verwaltungs- und Regierungsarbeit. Den Āl Saʿūd erschienen diese negativen Aspekte aber im Vergleich zu den Vorteilen vernachlässigbar, die sie sowohl im Bereich der innerfamiliären Harmonisierung als auch bei der Verbreiterung der Machtbasis sahen.

Stellvertretender Minister, Staatssekretär, Generaldirektor, Hauptabteilungsleiter lauteten mithin immer häufiger die offiziellen Titel junger Prinzen. Für viele von ihnen bedeuteten die Rangbezeichnungen aber bald mehr als bloße Dekoration. Die Söhne Faiṣals waren von ihrem Vater beispielsweise stets angehalten worden, sich das erforderliche Rüstzeug für verantwortungsvolle Positionen anzueignen. Saʿūd fungiert heute als Außenminister, ʿAbdallāh als einflußreicher Präsident der "Königlichen Kommission für Ğubail und Yanbūʿ", d. h. er besetzt eine Schaltstelle in der vitalen Erdölwirtschaft, ʿAbd ar-Raḥmān dient seinem Land als General in den Streitkräften. Ähnlich prominente Posten bekleiden die Söhne von Verteidigungsminister Sulṭān ibn ʿAbd al-Azīz. Bandar vertritt sein Land in Washington, Ḫālid erwarb militärischen Ruhm als kommandierender General des saudiarabischen Kontingents im zweiten Golfkrieg[130], Fahd ist stellvertretender Minister. Auch die Söhne von König Fahd und Kronprinz ʿAbdallāh nehmen in der Regel gehobene Positionen im Regierungs- und Militärapparat ein, auch wenn im Falle Fahds die angesprochenen Einschränkungen gelten (vgl. Anmerkung 123).

Die angeführten Prinzen stehen insgesamt an der Spitze der Enkelgeneration. Die Nachkommen minder prominenter Väter sind sich jedoch nicht zu schade, ihre Apanagen auch durch weniger herausgehobene Anstellungen aufzubessern. Sie finden sich in Consulting-Firmen, Ingenieurbüros und im Management staatlicher und privater Firmen.

Der auf diese Weise gefundene Lösungsweg des familiären Generationsproblems entwickelte allerdings auch eine Kehrseite. Die Interessen der jungen "technokratischen" Prinzen begannen in zunehmendem Maße mit denen der aufstrebenden Mittelschichten und aktiven Privatunternehmer zu korrespondieren. Die Gemeinsamkeit ihrer Tätigkeiten ergab immer neue Felder der Übereinstimmung bei der Formulierung von Entwicklungszielen für Saudi-Arabien.

Im für die Āl Saʿūd positiven Sinn erfüllten die "jungen" Prinzen damit eine wichtige Brückenfunktion zu den unruhigen Mittelschichten und Unternehmern. Beunruhigender war allerdings, daß sich die gleichen Prinzen in der Familie zu Wortführern einer Öffnung des Landes, einer größeren Beteiligung weiterer sozialer und politischer Kräfte des Landes am Prozeß der politischen Willensbildung entwickelten.

Die täglichen Berührungsfelder im Beruf trugen auf der anderen Seite dazu bei, daß viele auf Veränderung drängende Kräfte in den "jungen" Prinzen der Āl Saʿūd Bündnispartner ausmachten und sie in ihrer innerfamiliären Rolle bestärkten. "The new technocratic elite is likely to continue to accept the status quo if they are given somewhat greater participation in the political process. The younger Āl Saud princes ... recognize their need and will be inclined to make appropriate political accomodations",[131] schrieb H.H. Albers, der diesen

Prozeß als Verwaltungsspezialist über mehrere Jahre hinweg in Saudi-Arabien beobachtete.

Diese schrittweise Interessenamalgamierung verheißt zwei Möglichkeiten: Entweder die Āl Saʿūd fördern diese Entwicklung und tragen damit zum Machterhalt auch nach dem Generationswechsel bei oder ultrakonservative bzw. schlicht ignorante Fraktionen innerhalb der Familie setzen sich durch und riskieren damit neben dem Familienschisma auch die offene Konfrontation mit der Opposition.

König Fahd setzt eindeutig auf die erste Variante. Bei der Konzipierung des "Grundsystems der Herrschaft" bezog er die jüngeren Prinzen ein, auch ihr Drängen bewog ihn zum schließlichen Nachgeben in der Frage der Einrichtung des Konsultativrates.

Hauptneuerungen in den königlichen Dekreten vom 1. März 1992

Das "Grundsystem der Herrschaft"(an-niẓām al-asāsī li'l-ḥukm)

Der Dekretierung einer quasi-Verfassung für das Königreich Saudi-Arabien gingen umfangreiche Vorarbeiten voraus. So überraschend die schließliche Befürwortung durch König Fahd für manchen Beobachter auch gekommen sein mag, so bedeutete sie doch nichts weniger als einen unüberlegten Akt panischer Schadensbegrenzung.

Erstens besaß die Diskussion um die Einführung eines "Grundsystems der Herrschaft" in Saudi-Arabien - wie schon angeführt - eine bis auf 1926 zurückreichende Tradition, d. h., viele Fragestellungen, Probleme und Standpunkte waren bekannt und bereits vorab diskutiert worden.[132]

Zweitens hatte schon seit 1980 die elfköpfige geheime Kommission unter Innenminister Nāyif an der schriftlichen Ausarbeitung eines Verfassungsentwurfes gewirkt,[133] der Inhalt des am 1. März 1992 veröffentlichten Dekrets war also im engsten Kreis der Königsfamilie schon seit Jahren diskutiert worden und bis in Detaillösungen hinein "abgesegnet". Natürlich trägt diese spezifische Genesis auch den Keim der Unzulänglichkeit des "Grundsystems der Herrschaft" in sich, denn es kam ohne jegliche Partizipation derjenigen zustande, auf die es sich schließlich bezieht - die Bürger Saudi-Arabiens.

Diese trugen aber durch ihre Aktionen seit 1990 *drittens* maßgeblich dazu bei, daß König Fahd den blueprint seines Bruders und Innenministers nunmehr einer erneuten Prüfung unterzog und ihn nach nochmaliger mehrmonatiger Bearbeitung schließlich der Öffentlichkeit vorstellte.

Aus alledem darf immerhin gefolgert werden, daß das "Grundsystem der Herrschaft" kaum Zufälligkeiten enthält, sondern den für die Āl Saʿūd optimalen Kompromiß zwischen notwendigen Zugeständnissen und langfristiger Machtsicherung darstellt. Fahd betonte nachdrücklich, daß das Dokument im

Gegensatz zu Koran und sunna keinerlei Anspruch auf Endgültigkeit erheben könne. Das läßt ihm die Möglichkeit, unliebsame Paragraphen jederzeit zu ändern oder zu eliminieren.

In den einleitenden Teilen der Verfassung werden zunächst die Grundprinzipien der Staatspolitik ausgewiesen. Dazu zählen der Schutz und die Förderung des Islam und der Heiligen Stätten, die Geltendmachung der šarīᶜa, der Kampf für die arabische und islamische Solidarität und Zusammenarbeit, Bemühungen um die Entfaltung der Wissenschaften und gegen das Analphabetentum, die Stärkung der Armee, aber auch Anstrengungen im Umweltschutz.[134] Der sich daran anschließende Hauptteil umfaßt im wesentlichen sieben Schwerpunkte: Staatscharakter und Gewaltenteilung, Exekutive, nationale und lokale Administration, Legislative, Konsultativrat, Judikative, grundlegende Menschenrechte und Freiheiten.

Die bis dato eher auf Gewohnheitsrecht basierende Machtfülle des Königs erfuhr durch das "Grundsystem der Herrschaft" eine schriftliche Fixierung, ohne daß Abstriche erkennbar wären. Der Monarch verkörpert weiterhin alle drei ausgemachten Machtinstitutionen des Landes, die Exekutive, die Legislative und die Judikative. Die Personalunion des Königs und des Ministerpräsidenten wurde fortgeschrieben. Der Monarch bleibt außerdem Oberbefehlshaber der Streitkräfte.

Eine im Lichte der vorangegangenen Abschnitte wesentliche Änderung betrifft die Thronfolge. Zwar wird Saudi-Arabien weiterhin als Erbmonarchie ausgewiesen, aber die strikten Regelungen Ibn Saᶜūds wurden erstmals seit seinem Tod gelockert. Der König ernennt seinen Nachfolger, kann diese Wahl aber widerrufen und einen anderen Prinzen mit dem Amt betrauen. Wenn der Monarch stirbt, übernimmt der Kronprinz seine Vollmachten *bis zur Inthronisierung*. Diese Formulierung läßt die Möglichkeit offen, daß der Kronprinz nicht mit absoluter Sicherheit auch nächster König wird. Die saudiarabische Öffentlichkeit wirkte durch diese Festlegungen irritiert. Bedeutete das den ersten Schritt auf dem Weg, den konservativen, Modernisierung häufig behindernden Kronprinzen ᶜAbdallāh zu demontieren? Fahd beeilte sich, ᶜAbdallāh im Amt zu bestätigen, aber dessen Position wurde ohne Zweifel geschwächt. Nach dem Tod des Königs entscheidet nämlich ein Kronrat, wer letztlich mit der Königswürde betraut wird - das muß nicht zwingend der bisherige Kronprinz sein.

Dieser Rat - damit eine zweite wesentliche Neuerung manifestierend - wurde auf 500 Personen ausgeweitet. Fahd erklärte ausdrücklich, daß nunmehr auch die befähigten Enkel Ibn Saᶜūds in den Entscheidungsprozeß einbezogen würden und die Thronfolge nicht länger ausschließlich unter den Söhnen des Staatsgründers festzulegen sei. Der Fähigste soll herrschen, gebietet das "Grundsystem der Herrschaft". Mit diesem Credo geht eine dritte Neuerung einher. Die ahl al-ḥall wa'l-ᶜaqd finden in dem Dokument keine Erwähnung.[135] Das bedeutet, daß sie weder bei der Wahl des Thronfolgers (das

Vorschlagsrecht liegt nun ausschließlich beim König) noch bei der anschließenden Inthronisierung in Aktion treten. Damit wird ein gewisser Schlußpunkt unter den Machtniedergang der Stammesführer gesetzt und gleichzeitig der Einfluß der führenden ʿulamā weiter beschnitten, die einen Gutteil der Mitglieder der ahl al-ḥall wa'l-ʿaqd gestellt hatten. Die Erweiterung der judikativen Vollmachten des Königs beschneidet die Rolle der Geistlichkeit weiter. Zwar findet der Hohe Rat der Geistlichkeit als Hoher Rat der Justiz Erwähnung, aber seine Aufgaben und Rechte bleiben diffus.

Fahd und den ihn unterstützenden "jungen" Prinzen gelang auf diese Weise ein deutlicher Sieg in ihrem Kampf um die Fortsetzung und Vertiefung des Modernisierungskurses.

Längere Kapitel des "Grundsystems der Herrschaft" widmen sich der Einrichtung des Konsultativrates und eines neuen Systems für die Provinzen. Da beide Punkte aber auch den Inhalt der beiden anderen am 1. März 1992 verkündeten Dekrete bestimmen, sollen sie separat behandelt werden.

Die Bürger Saudi-Arabiens lasen natürlich die Kapitel über die Gewährung politischer Freiheiten und die Einhaltung grundlegender Menschenrechte mit besonderer Aufmerksamkeit. An ihnen maßen sie in erster Linie den Erfolg ihrer seit 1990 andauernden Bemühungen um ein höheres Maß an Demokratie in ihrem Heimatland.

Ernüchtert mußten sie feststellen, daß der Kampf um demokratische Rechte in Saudi-Arabien auch nach der Verabschiedung des "Grundsystems der Herrschaft" weiterhin erst am Anfang steht. Meinungs-, Informations- und Versammlungsfreiheit sind so wenig gewährt wie zuvor, auch politische Parteien und Organisationen stehen weiterhin unter dem Verbot der Regierung. Aber immerhin schützen die neuen Bestimmungen vor willkürlichem Arrest und Bestrafung. Bisher galt in Saudi-Arabien diesbezüglich ein im November 1983 verabschiedetes Gesetz, dessen Paragraph 1 die Sicherheitskräfte ermächtigte, jedermann zu verhaften und festzuhalten, der "Anlaß auf Verdacht" gibt.[136] Nunmehr muß jeder Verhaftung ein richterlicher Entscheid vorausgehen. Privathäuser und Wohnungen genießen Schutz, willkürliche Hausdurchsuchungen sind untersagt. Detaillierte Bestimmungen behandeln das Recht auf und den Schutz des Privateigentums ebenso wie die Einhaltung des Post- und Telephongeheimnisses, das Asylrecht, Paßbestimmungen usw.

Immerhin fanden so einige bedeutende Menschenrechte in der Verfassung des Landes ihren Niederschlag. Das kann zu Recht als Fortschritt und gleichzeitig auch als Ansporn empfunden werden, die Bemühungen um die Erringung weiterer bürgerlicher Rechte und Freiheiten zu verstärken.

Der Konsultativrat (mağlis aš-šūrā)

Die entsprechenden Bestimmungen des "Grundsystems der Herrschaft" bilden die rechtliche Grundlage für die Einrichtung des Konsultativrates. Trotzdem verwendete König Fahd ein gesondertes Dekret, um auf die beabsichtigte Schaffung des Gremiums aufmerksam zu machen.

Sowohl die Bestimmungen im "Grundsystem der Herrschaft" als auch des Sonderdekrets legen den Umfang des Konsultativrates auf 60 Personen und einen Vorsitzenden fest. Sie schreiben für Mitglieder die saudiarabische Staatsbürgerschaft ebenso vor wie ein Mindestalter von 30 Jahren und einen "guten Leumund". Die Amtszeit wird auf vier Jahre festgelegt.[137] Der Rat solle nach seiner Arbeitsaufnahme mindestens einmal in zwei Wochen zusammentreten,[138] eine Regel, die Fahd - wie beschrieben - schon 1994 zugunsten des Rates durchbrach.

Der mağlis aš-šūrā soll laut Verfassung ihre Einhaltung überwachen, auf Mißstände und Fehlentwicklungen im Land aufmerksam machen und dem König bei Bedarf Lösungsvarianten unterbreiten.

Für sich genommen, besitzt der Rat allerdings keinerlei Vollmachten. Der König ernennt die Mitglieder, bestimmt das Budget und behält sich das Recht vor, ihn jederzeit personell und strukturell zu verändern bzw. sogar aufzulösen. Insgesamt wird dem Rat damit nur eine außerordentlich passive und abhängige Rolle zugebilligt. Üblicherweise soll er nur in zweifacher Hinsicht aktiv werden. Erstens, wenn der König den Ratschlag des Gremiums sucht und zweitens, wenn der Ministerrat ein kompliziertes Problem an den Konsultativrat zur Beratung delegiert, weil es im hektischen Alltagsbetrieb der Regierung nicht zügig geklärt werden kann.

Das königliche Dekret läßt dem mağlis aš-šūrā nur eine Form möglicher Eigeninitiative. Wenn zehn seiner Mitglieder gemeinsam ein bestimmtes Thema oder Problem zu diskutieren beabsichtigen, *kann* der Rat diese Punkte in die Tagesordnung aufnehmen, ohne daraus allerdings bindende Beschlüsse ableiten zu dürfen.

Die Regierung in ar-Riyāḍ betont deshalb auch ständig, daß die Arbeit des Konsultativrates keine radikale Änderung der bisherigen Innenpolitik mit sich bringe, sondern nur eine "authentication of traditional practice" sei.[139] In seltener Deutlichkeit gab auch König Fahd zu erkennen, daß er den mağlis aš-šūrā in erster Linie als Vehikel betrachtet, die erodierten Kommunikationswege für die wichtige Konsensfindung zu revitalisieren. "It is simply that the traditional way of achieving a political consensus has had to be adapted to meet the demands of a modern state."[140] Fahd leugnet nicht, daß der Konsultativrat kaum als Meilenstein auf dem Weg zu einer repräsentativen Demokratie gelten kann, aber er kalkuliert wohl zu Recht, daß den bis dato politisch rechtlosen Untertanen bereits die rudimentäre Partizipation als Fortschritt erscheint.

Viele politisch interessierte Bürger Saudi-Arabiens wähnen mit der Arbeit des mağlis aš-šūrā trotzdem eine unsichtbare Linie überschritten. Ein hauptstädtischer Geschäftsmann gab der "Washington Post" zu Protokoll:

> "They (die Āl Saʿūd - H. F.) conceded the principle of political participation and political institutionalization ... the royal family of Saud has now formally recognized, for the first time since the country's founding 60 years ago, that its subjects have a role in governing the oil-rich kingdom. Now, it's a war about substance."[141]

Es scheint, als sei auch mit der Etablierung des Konsultativrates ein temporärer Kompromiß gelungen. Da in dem Gremium keine prominenten Familienmitglieder der Āl Saʿūd wirken und die hohen Geistlichen eher unterrepräsentiert sind, betrachtet es die Öffentlichkeit als institutionalisierte Plattform ihrer Stimme und der König als längst überfällige Körperschaft der Konsenssuche mit den Vertretern der dynamischsten Schichten seiner Bevölkerung.

Das Provinzsystem (niẓām al-manāṭiq)

Das dritte der am 1. März 1992 vorgestellten Dekrete fand in der internationalen wissenschaftlichen Literatur über aktuelle Entwicklungen in Saudi-Arabien nur eine eingeschränkte Behandlung. Möglicherweise maßen Wissenschaft und Publizistik dem "Grundsystem der Herrschaft" und dem Konsultativrat einen höheren Stellenwert zu, erschienen die Neuerungen in der Provinzordnung als zu unspektakulär und im Text des "Grundsystems der Herrschaft" bereits ausführlich genug behandelt. Dieser Wertung liegt jedoch ein Trugschluß zugrunde. Die Verwaltung der Provinzen geriet seit der Gründung des Königreiches stets zu einem Hauptproblemfeld der Regierungspolitik, an der Behandlung der Provinzen entschied sich in hohem Maße die Stabilität der Āl Saʿūd-Herrschaft.

Die Fragilität der Provinzstrukturen Saudi-Arabiens ergibt sich ursächlich aus der Entstehungsgeschichte des Königreiches. Für viele Bewohner der unterschiedlichen Verwaltungsbezirke des Landes stellt sich die Erfolgsgeschichte der Āl Saʿūd immer noch als de facto-Eroberung dar, die den vordem gepflegten Eigenarten und ethnischen, religiösen und kulturellen Besonderheiten ein rigides Regiment oktroyierte, das vom asketischen Leben im Nağd gezeichnet war.

Natur und Klima stärkten auf der Arabischen Halbinsel stets eher zentrifugale Tendenzen. Wüsten prägen die Landschaft des 1,5 Mill. km^2 großen Königreiches, erhebliche Entfernungen trennen die stärker besiedelten Landesteile.

Mit Stolz verwiesen z. B. die Bewohner des Ḥiğāz auf ihre jahrhundertealten kommerziellen Traditionen und Erfahrungen. Lebhafter Handel und die jährlichen Pilgerströme bestimmten das Leben in dem Küstenstreifen am Roten

Meer, Kenntnisse, Fertigkeiten und Wissen wurden auf diese Weise tausendfach importiert, die lange Zugehörigkeit zum Osmanischen Reich verband den Ḥiǧāz - wenn auch zeitweilig nur sehr lose - mit weltpolitischen Ereignissen und Entwicklungen.

Demgegenüber erschien das nomadische, abgeschlossene Leben im Naǧd vergleichsweise "biblisch" und fast "außerhalb von Zeit und Raum". Mit einem Gefühl der Überlegenheit begegneten die gebildeten, weltoffenen Ḥiǧāzis den Eroberern aus dem "zurückgebliebenen" Naǧd. Sie waren nicht überrascht, als die neuen Machthaber flugs die türkisch-osmanischen Verwaltungserfahrungen, das Wissen um den Umgang mit Hunderttausenden von Pilgern und wirtschaftliche Strukturen übernahmen.[142] Um so unerträglicher empfanden sie die mangelnde Bereitschaft der neuen Herren, ihnen einen mindestens gleichberechtigten Rang in dem neuen Staatsverband zuzubilligen.

Aber den von wahhabitischem Sendungsbewußtsein getriebenen Eroberern aus dem Naǧd erschienen die Moralvorstellungen im Ḥiǧāz verwerflich, die Religiosität oberflächlich, das Leben genußbetont. Derartige Erscheinungen galt es zu bekämpfen, ehe an eine gleichberechtigte Integration der Provinzbewohner zu denken war. Solcherart Herangehen vertiefte aber die Überzeugung der Ḥiǧāzīs, nur Bürger "zweiter Klasse" zu sein, die Provinz wurde zum Ausgangspunkt zahlreicher Sezessionsbestrebungen und Umsturzversuche.

Die einige Jahre vor dem Ḥiǧāz eroberte Ostprovinz al-Ḥasā entwickelte ebenfalls ein erhebliches Konfliktpotential mit den Eroberern aus dem Naǧd. Die Bewohner al-Ḥasā's unterhielten lebhafte Handelsbeziehungen nach Irak, Iran, Bahrein und bis nach Indien. Demgegenüber erwiesen sich die Verbindungen zum Naǧd als eher rudimentärer Natur. Durch Zuzug entlang der Haupthandelsrouten hatte sich in al-Ḥasā außerdem eine multikonfessionelle Bevölkerung herausgebildet, die dem Wahhabismus bestenfalls neutral, meist jedoch ablehnend gegenüberstand.

Die Konflikte kamen jedoch erst in vollem Umfang zum Tragen, als riesige Erdölvorkommen in der Provinz entdeckt wurden. Die sich heranbildende Monopolstellung der Erdölwirtschaft als Grundlage und Motor der gesamten wirtschaftlichen Entwicklung Saudi-Arabiens verstärkte bei den schiitischen, malikitischen und hannafitischen Bewohnern al-Ḥasā's die Überzeugung, daß sie allein den Wohlstand des wahhabitisch dominierten Gesamtreiches sicherten und nur sehr partiell und indirekt daran partizipierten.[143] Die von der iranischen Revolution induzierten Schiitenaufstände in al-Ḥasā 1979 und 1981 trafen die Āl Saᶜūd-Herrschaft deshalb auch kaum minder gefährlich als die Besetzung der Großen Moschee von Mekka.

Ohne auf Vollständigkeit abzuzielen, lassen sich auch für die übrigen Provinzen Saudi-Arabiens ähnliche Erscheinungen aufzeigen.[144] In ᶜAsīr herrschte bis zur endgültigen Inbesitznahme (1934) eine autonome Idrisidendynastie, die Einwohner Ǧīzāns und Naǧrāns unterhielten weitaus intensivere Beziehungen zum Jemen als zum Naǧd. "From oil-rich Hassa to commercial Hijaz, through bedouin Najd and the 'bread basket' of ᶜAsīr, the history, traditions, accents and ways of life differ."[145]

Nachdem die territoriale Expansion der Āl Saᶜūd 1932 weitgehend abgeschlossen war, darf aufgrund der aufgezeigten Tatbestände nicht verwundern, daß die Herrscher des neuen Königreiches zunächst konsequent darauf abzielten, die zentrifugalen Tendenzen zu bekämpfen und sie mit einem strikten Zentralismus zu beantworten. Macht sollte sich ausschließlich in ar-Riyāḍ konzentrieren und von ar-Riyāḍ ausgehen. Dazu war es nötig, die separaten Machtzentren und -strukturen in den Provinzen zu zerschlagen. Aus diesen Überlegungen speisten sich die ersten Maßnahmen der Āl Saᶜūd gegen die Autonomie der Stämme, die erst in späteren Jahrzehnten durch die Auswirkungen der Modernisierung verstärkt wurden.

Beduinen galten fortan als *eine* soziale Kategorie, die in den Planungen des Staates ihren Platz ausschließlich aufgrund dieser gleichmachenden Einordnung fanden, d. h. ohne Berücksichtigung der vielfältigen und außerordentlich unterschiedlichen tribalen Zugehörigkeiten der Beduinenfamilien. Stammesführer, die nicht durch Einheirat am Fortbestand der Āl Saᶜūd-Herrschaft interessiert werden konnten, wurden marginalisiert. Es geriet zur festen Regel, daß die vom Staat bestallten Provinzgouverneure *nicht* aus dem Kreis der bisherigen Notabeln stammten und ihre Autorität daher nur aus der Gunst der Königsfamilie ableiten konnten. Dazu stand nicht im Widerspruch, daß einige der Gouverneure in ihren Provinzen eine Art von Familienherrschaft errichteten, d. h. die Gouverneurswürde vom Vater auf den Sohn weitergaben. Wichtig blieb nur, daß sie - wie die Ǧilūwīs in al-Ḥasā - ihre Loyalität zu den Āl Saᶜūd unerschütterlich wahrten.

Es sei nicht verschwiegen, daß die Zentralisierungsbemühungen der Āl Saᶜūd im Verlauf der Jahrzehnte durchaus Früchte trugen. Es gelang ihnen, zahlreichen Bewohnern der Provinzen die Überzeugung zu vermitteln, daß sie am Wirtschaftsaufschwung und am wachsenden Wohlstand des gesamten Staates in einer Weise partizipierten, die separat kaum zu erreichen gewesen wäre. Viele Einwohner des Ḥiǧāz erkannten an, daß sie ohne das Erdöl al-Ḥasā's den Schwankungen auf den Handelsmärkten in weitaus stärkerem Maße ausgesetzt wären, die Bauern des ᶜAsīr konstatierten ebenfalls ein sich zu ihren Gunsten neigendes Verhältnis zwischen Geben und Nehmen.

Selbst die Bewohner al-Ḥasā's vermochten sich der Erkenntnis nicht zu entziehen, daß der Wohlstand Saudi-Arabiens zwar primär von den in ihrer Provinz lagernden Bodenschätzen abhängt, daß aber die Zentralregierung doch erhebliche Anstrengungen im Bereich der Infrastruktur und bei der Bereitstellung von komplementären Industriezweigen unternommen hat, die den Vertrieb und die Verarbeitung des al-Ḥasā-Öls ungemein erleichtern.

Die gleiche Modernisierung, die in den genannten Fällen pazifierend wirkte, brachte in anderem Zusammenhang aber auch ein größeres Ungleichgewicht innerhalb der Provinzen hervor. An der Spitze der Profiteure standen Naǧd und Ḥiǧāz, gefolgt von al-Ḥasā. Am unteren Ende der Skala rangierten die traditionellen Einzugsgebiete der Beduinen, Ḥā'il, Qurāyāt, Tabūk und al-Ǧauf. In diesen Provinzen existiert selbst in den neunziger Jahren noch Analphabetentum, die Infrastruktur ist vergleichsweise schwach entwickelt, die Sozialleistungen weisen erhebliche Lücken auf, der Migrationstrend nach ar-Riyāḍ und in den Ḥiǧāz dauert an.[146] Somit blieb das Problem der Provinzordnung für alle Nachfolger Ibn Sa'ūds auf der politischen Tagesordnung.

Im Zusammenhang mit seinen Modernisierungsdekreten erließ König Faiṣal im Oktober 1963 auch eine Anordnung, die eine weitere Zentralisierung der Provinzverwaltung beinhaltete. Demnach wurde das Königreich nun in sechs Provinzen mit verschiedenen Regionen unterteilt. Die Bestallung der Gouverneure und ihrer Stellvertreter blieb ausschließliche Aufgabe des Königs. Die Anordnung umfaßte noch einen zweiten Teil, der jedoch keine Berücksichtigung fand. Ursprünglich sah das Dekret Faiṣals nämlich noch die Einrichtung von Provinzialräten (30 Personen) vor, die durch den Ministerrat zusammengestellt werden sollten. Das Vorhaben blieb ebenso Makulatur wie die Einrichtung eines Konsultativrates, den Faiṣal - wie angeführt - zum gleichen Zeitpunkt ebenfalls avisiert hatte. Der König bestand jedenfalls nicht mehr auf der vollständigen Umsetzung seiner Anordnung, als der Zentralisierungseffekt gesichert schien.

Aber auch Faiṣals Lösungsansatz des Provinzproblems blieb der endgültige Erfolg versagt. Seit Mitte der siebziger Jahre stellte die saudiarabische Regierung deshalb erhebliche Forschungsmittel bereit, um einen theoretischen Vorlauf für die Lösung des Problems zu gewinnen. Dazu ließ sie sogar einheimische Forschergruppen relativ unbehelligt gewähren, griff aber letztendlich doch auf ausländische Expertise zurück.[147] Mitte der achtziger Jahre unternahm die Regierung in ar-Riyāḍ eine Maßnahme, die den erreichten Forschungsstand nicht adäquat wiedergab, sondern eher eine kosmetische Präventivmaßnahme beschrieb. In Aufhebung des Dekrets Faiṣals wurden nun 14 Provinzen eingerichtet, wobei die traditionellen Namen eliminiert und durch geographische Bezeichnungen (Zentralprovinz, Ostprovinz usw.) ersetzt wurden.[148] Die Āl Sa'ūd versprachen sich davon eine sukzessive Brechung des traditionellen Zusammengehörigkeitsgefühls der jeweiligen Provinzbevölkerung und eine noch stärkere Fokussierung der saudiarabischen Identität auf den Gesamtstaat mit seinem Zentrum ar-Riyāḍ.

Die seit mehreren Jahren unterstützten Forschungen legten indessen bereits andere politische Handlungsweisen nahe. Sie kamen indirekt zu dem Schluß, daß die Grenzen der Zentralisierung (deren Erfolge Schwächen und Widersprüche nie beseitigt und überwunden, sondern nur überdeckt hatten) erreicht waren und eine weitere Forcierung eher kontraproduktive Ergebnisse versprach.

Sich über die fortbestehende Grundfrage der Eigenheiten und Identitätsprobleme der Provinzen legend, war ein weiteres Widerspruchsgeflecht entstanden, das seinen Ursprung in den Ergebnissen der Modernisierungen fand. Auf das unterschiedliche Entwicklungstempo der Provinzen wurde schon verwiesen. Hinzu kamen aber die negativen Auswirkungen der im Zuge der Zentralisierung entstandenen Hyperbürokratie. Die Unübersichtlichkeit und Verworrenheit der bürokratischen Verordnungen, die langen Amtswege begannen, die Investitionsbereitschaft und die Eigeninitiative lokaler Unternehmer ernsthaft zu behindern. Immer umfangreichere Segmente der Privatwirtschaft wichen in die ohnehin überfüllten traditionellen Wirtschaftszonen aus. Das Wirtschaftsleben der Provinzen drohte zu veröden, während die Agglomerate um die Großstädte kaum noch regierbar waren.

Das am 1. März 1992 verabschiedete Dekret über die neue Provinzordnung paßte sich deshalb nahtlos in den Charakter der beiden anderen Erlasse ein. Um die Privatwirtschaft weiter an den Modernisierungen (nach den Intentionen der Āl Saʿūd) zu interessieren und den unter den Auswirkungen der ökonomischen Rezession leidenden Bewohnern der Provinzen entgegenzukommen, griff Fahd auf eine Maßnahme zurück, die den Forschungsvorlauf aufnahm und erstmals seit sechzig Jahren eine Kehrtwendung in der Behandlung der Provinzen verhieß. Anstatt weiterhin auf die unbedingte Zentralisierung zu setzen, gestand das neue System den Provinzen nunmehr wieder größere Eigenverantwortung zu. Weder an ihrer Zahl noch an ihrer Bezeichnung sollten Änderungen erfolgen, noch weniger an der Praxis der Bestimmung der Gouverneure durch den König. Aber das Provinzsystem führt in dieser Form zwangsläufig zu einer - beabsichtigten - Dezentralisierung von Teilbereichen der Macht, es stärkt die Verantwortung der Gouverneure und bindet durch die Provinzräte gleichzeitig eine größere Anzahl von Bürgern in die Regierungsdisziplin ein.

Von der Erweiterung der Vollmachten der Gouverneure versprach sich die Regierung eine Effektivierung der Machtausübung und ein höheres Maß an Zustimmung durch die Bevölkerung.

Dazu sollte insbesondere auch die dekretierte Etablierung von Provinzräten (al-maǧālis al-maḥallīya) dienen, die zwar von 30 auf zehn Mitglieder geschrumpft waren, aber im Gegensatz zu den Intentionen Faiṣals nun tatsächlich funktionale Aufgaben übertragen bekamen, die denen des Konsultativrates komplementär waren. Ähnlich wie der maǧlis aš-šūrā den König bei Bedarf beraten und unterstützen bzw. die Konsensfindung mit wichtigen Bevölkerungsschichten erleichtern sollte, erhielten die Provinzräte die gleichen Aufgaben für den Gouverneur. Um diesen Zweck besser erfüllen zu können, wirkt in den Provinzräten allerdings ein wesentlich höherer Prozentsatz an lokalen Notabeln und Stammesführern mit als etwa im hauptstädtischen Konsultativrat.[149] Am 16. September 1993 erließ König Fahd umfangreiche Durchführungsbestimmungen für die Umsetzung seines Dekrets vom 1. März 1992,[150] deren Realisierung sich wohl über einen gewissen Zeitraum erstrecken wird, aber sie schlossen nichtsdestotrotz die durch die Einführung des "Grundsystems der Herrschaft" und des Konsultativrates markierte Zäsur flankierend ab.

Fazit

Eines der in der wissenschaftlichen Literatur über Saudi-Arabien am meisten diskutierten Themen betraf die Zukunftsaussichten des Königreiches nach den Verwerfungen des zweiten Golfkrieges. Dabei entspannen sich Kontroversen insbesondere um die Frage, ob die von Fahd zugestandenen Reformen hinreichend wären, um den Āl Saʿūd auch weiterhin die Herrschaft zu sichern, ob Saudi-Arabien seinen spezifischen Staatscharakter bis in das nächste Jahrhundert tragen wird.

Diese Perspektive erscheint einer wachsenden Zahl westlicher Politiker, Publizisten und Wissenschaftler eher unwahrscheinlich. Der türkische Politiker Bülent Ecevit sprach für viele Gleichgesinnte, als er behauptete, daß die Weigerung, wahrhaft demokratische Umgestaltungen zu vollziehen, am Ausgang des 20. Jahrhunderts nur als Anomalie zu bezeichnen sei. Der Mittlere Osten und vor allem Saudi-Arabien seien nach dem zweiten Golfkrieg auf besondere Weise in den Mittelpunkt weltpolitischen Interesses gerückt, so daß die dortigen Herrscher und Regimes kaum noch in der Lage seien, ihre bisherigen autokratischen Allüren in der "Verborgenheit" fortzusetzen. Den ausgebliebenen sofortigen Wandel führte er auf die fortgesetzte Unterstützung des Westens für die undemokratischen "befreundeten" Regimes zurück. Das werde sich als kontraproduktiv erweisen, denn der Demokratisierungsdruck von unten sei damit nicht eliminiert worden, er würde eher unfreiwillig in Richtung auf eine Stärkung islamistischer Elemente kanalisiert.[151] Das Dilemma dieser Prognose besteht darin, daß Ecevit, wie auch viele andere westliche Politiker und Spezialisten, ihre als richtig betrachteten Wunsch- und Wertvorstellungen auf Gesellschaften übertragen, die eben diese Vorstellungen maximal an der Oberfläche widerspiegeln. Demgegenüber ist dem schon zitierten amerikanischen Nahost-Spezialisten D.E. Long zuzustimmen, wenn er feststellt:

> "Western observers consider nonrepresentative monarchies to be anachronisms in the late twentieth century and thus 'unstable'. The Saudi regime is no more impervious to overthrow than any other nonrepresentative regime, but the likelihood of its survivability or demise cannot be based on Western standards."[152]

An dieser mechanistischen Übertragung politischer Erfahrungen des Westens krankten auch in der Vergangenheit zahlreiche Aussagen über die Vitalität der Āl Saʿūd-Herrschaft. Wilhelm Kopf, langjähriger deutscher Botschafter in Saudi-Arabien, erwähnte z. B. eine angebliche Wette zwischen Egon Bahr und Henry Kissinger über die Überlebenschancen des saudiarabischen Regimes nach der Besetzung der Großen Moschee von Mekka. Bahr habe den Prinzen noch vier, Kissinger immerhin acht Jahre gegeben, aber beide hätten schließlich verloren.[153]

Gelten in Saudi-Arabien also andere Gesetze der gesellschaftlichen Entwicklung? Wohl nicht grundsätzlich und allumfassend, aber die bisher behandelten

Problemkreise legen doch nahe, mögliche Szenarien differenzierter und unter Beachtung saudiarabischer Eigenheiten zu betrachten. Das gilt insbesondere für den bedeutenden Komplex der Partizipation und Demokratisierung, der - weil das "Grundsystem der Herrschaft" ihn primär betrifft - im Mittelpunkt der abschließenden Betrachtung stehen soll.

Politische Partizipation wird zu Recht häufig als wichtiger Indikator für die politische Entwicklung angesehen. Da die Partizipation sich im Westen in Form politischer Institutionen manifestiert, wird oft unterstellt, alle politischen Systeme müßten und würden sich nachvollziehend in diese Richtung entwikkeln.[154] Zweifellos existieren auch in Saudi-Arabien politische Kräfte, die auf der möglichst raschen Einführung eines Parteiensystems bestehen. Aber sie repräsentieren noch immer nicht die Mehrheit der Bevölkerung. Die Entstehungsgeschichte des Königreiches und der Erfolg der Āl Saᶜūd, der primär auf den historischen und geographischen Zufall zurückzuführen ist, daß in ihrem Herrschaftsgebiet beträchtliche Quantitäten des bedeutendsten Rohstoffes der modernen Zivilisation lagern, konservierten gesellschaftliche und politische Handlungsweisen, die eindeutig auf die Stammesgesellschaft zurückgehen.

Der Stammesführer suchte den Konsens vor einer Entscheidung, um der gefährlichen Aufsplitterung seiner Klientel vorzubeugen. Nach der Konsensfindung setzte er die Entscheidung jedoch mit absoluter Autorität um. Diese Praxis erhielt sich über die Jahrhunderte, vor allem weil die Stammesgesellschaften relativ klein und isoliert blieben, was die aktive Beteiligung aller erwachsenen männlichen Stammesmitglieder an den Entscheidungsprozessen erleichterte. Natürlich stieß diese Methode bei zahlenmäßig größeren Gesellschaften an ihre Grenzen, sie erforderte einen erheblichen Zeitaufwand und lief damit Gefahr, sich selbst zu paralysieren. Deshalb waren auch die Āl Saᶜūd gehalten, die Methode neuen Gegebenheiten anzupassen. Wenn die Konsenssuche also nicht mehr mit der gesamten Bevölkerung gleichzeitig möglich ist, dann müssen Vertreter derselben gefunden werden, die die Meinungen der wichtigsten Fraktionen und Schichten wiedergeben. Genau das ist mit der Einrichtung des Konsultativrates geschehen! Den Āl Saᶜūd ist eher vorzuwerfen, daß sie die Etablierung eines repräsentativen Rates so lange verzögerten und sich damit selbst in Zugzwang brachten. Aber die plausibelste Erklärung für den Erfolg der Āl Saᶜūd besteht wohl darin, daß sie ihren Führungsstil an der politischen Kultur des Landes ausrichteten. Huyeth bezeichnete diesen Weg als "politische Adaption", die er dem westlichen Begriff der "Entwicklung" gegenüberstellt.[155]

Allerdings läßt auch der intelligente Ansatz Huyeths bestimmte Fragen offen. Existieren nicht doch einige allgemeinhumanistische Entwicklungsziele, deren Umsetzung auch der saudiarabischen Bevölkerung zu wünschen wäre? Wie weit reicht die Adaptionsfähigkeit, wenn bei fortschreitender sozialer und ökonomischer Evolution die Grenzen der repräsentativen Konsenssuche erreicht sind? Bestehen nicht neben den genannten Aspekten in Saudi-Arabien einige Spezifika, die diese Adaption erleichterten, aber die nicht ohne weiteres auf andere Gesellschaften übertragbar sind?

Erstens bemißt sich die Legitimität des Herrschers zur Konsenssuche in traditionellen Gesellschaften, deren Charakter er gerade zu konservieren beabsichtigt, an seiner Fähigkeit, Wohlstand, Gerechtigkeit und Einheit des Gemeinwesens zu garantieren. Die Stabilität der Āl Saʿūd-Herrschaft wird also auch in Zukunft in entscheidendem Maße davon abhängen, inwieweit es den Prinzen gelingt, den erdölabhängigen Wohlstand zu mehren und zu verteilen, ohne größere soziale Verwerfungen zuzulassen. Die langen Jahre der Rezession bewiesen eindrucksvoll, wie rasch eine scheinbar "lethargische" Gesellschaft wie die saudiarabische in Bewegung kommt, wenn fühlbare Abstriche am gewonnenen Lebensstandard drohen. Die Verabschiedung der behandelten Dekrete vom 1. März 1992 koinzidierte wohl nicht zufällig mit den 1992 ebenfalls eingeleiteten rigideren Maßnahmen zur Haushaltsdisziplin und Wirtschaftsgesundung. Der Aufschwung kann auf Dauer nur durch eine konsequentere Beteiligung der ökonomisch aktiven Teile der Bevölkerung gesichert werden, deshalb auch die folgerichtige "Hofierung" dieser Schichten im "Grundsystem der Herrschaft" und durch den Konsultativrat. Andererseits besitzen die modernen Mittelschichten und die Privatunternehmer - im Gegensatz zum Netzwerk klerikaler Institutionen - keine organisatorische Vertretung und ergriffen daher dankbar die dargereichte Hand des Königshauses.

Zweitens fehlt der Mehrheit der saudiarabischen Bevölkerung eine nacheifernswerte soziale und politische Alternative. Protagonisten des Nationalismus, des Sozialismus, selbst des Islamismus stoßen - neben der unnachsichtigen Verfolgung durch den Sicherheitsapparat - bei ihren Missionierungsversuchen immer dann an Grenzen, wenn sie nach überzeugenden Beispielen gefragt werden. Das Scheitern des nasseristischen Panarabismus ist der saudiarabischen Bevölkerung ebenso augenfällig wie der Zusammenbruch sozialistischer Experimente in Ägypten, Irak, Syrien, Libyen, Algerien und Südjemen. Auch die islamistischen Modelle in Iran und Sudan hielten bisher kaum, was sie verhießen. Natürlich werden die saudiarabischen Anhänger dieser Ideologien auch weiterhin versuchen, den Āl Saʿūd weitere Zugeständnisse abzupressen. Solange die Herrscherfamilie aber zu den im ersten Punkt beschriebenen wirtschaftlichen Leistungen in der Lage bleibt, wird die Mehrheit der saudiarabischen Bevölkerung wohl die Sicherheit des Bekannten der Ungewißheit vorziehen.

Drittens sollten die starken familiären Bande innerhalb der saudiarabischen Gesellschaft, verbunden mit überwiegend konservativen Wertvorstellungen, nicht unterschätzt werden. A. Issa bemerkte dazu:

> "Will man das Interaktionsverhältnis Staat/Gesellschaft in Saudi-Arabien aufhellen, so darf man die vormals segmental-hierarchische 'saudische' Stammesgesellschaft niemals als eine 'normale...Entwicklungsgesellschaft' sehen, sondern als spezifische Form einer Gesellschaft, die zwar...einen überaus rapiden Prozeß sozialen Wandels durchläuft, jedoch in ihrem

> Kern immer noch sowohl traditions- als auch stammes- und verwandtschaftsbezogen ist."[156]

Die Kohäsion innerhalb der Herrscherfamilie, die alle Divergenzen im Sinne der Machterhaltung überdeckt und/oder ausbalanciert,[157] darf hierbei als Modell für die gesamte saudiarabische Gesellschaft gelten, wie A. al-Yassini richtig feststellt.[158] D.E. Longs Auffassung kann dazu als Ergänzung gelten:

> "... the cohesion of the traditional family-based Saudi society has remained basically intact... Indeed, the cohesive social system rather than the political system is the key to political stability in Saudi Arabia."[159]

Natürlich sind auch die Familienverhältnisse in Bewegung geraten. Bildung, Kommunikation und die materiellen Reize des Wirtschaftsaufschwungs ließen jüngere Staatsbürger durchaus nach neuen Wegen der Lebensplanung und des gesellschaftlichen Verhaltens suchen, aber bislang blieben auch traditionelle Werte in der jungen Generation lebendig. Das erklärt sich zum großen Teil aus dem Erziehungsprozeß, der immer noch hauptsächlich innerhalb der Familie und in der engeren Verwandtschaft stattfindet, wobei hergebrachte Sitten und Gebräuche immer wieder reproduziert werden.

Eine Gesellschaft, die die Familie nicht nur verbal als Grundpfeiler ihres Gefüges begreift, zeigt auch größere Bereitschaft, eine Familienherrschaft über sich als Normalität zu empfinden. Die Omnipräsenz der Āl Saᶜūd in allen machtsymbolisierenden und -sichernden Institutionen bedeutet deshalb auch nicht mehr als die materielle Ausformung eines Herrschaftssystems, das nur durch die grundsätzliche Zustimmung der Bevölkerungsmehrheit überlebensfähig ist.

Viertens ergänzt und verstärkt die in Saudi-Arabien praktizierte Form des Islam den innergesellschaftlichen Konsens. Die Āl Saᶜūd sind sich auch weiterhin bewußt, daß die Befolgung und Bewahrung der Vorschriften des wahhabitischen Islam zu den Eckpfeilern ihrer Legitimität gehören. Veränderungen werden sie deshalb auch zukünftig nur insoweit vornehmen, wie sie für die Forcierung der als mindestens ebenso wichtig betrachteten Modernisierungen notwendig und unabdingbar erscheinen. Das Land befindet sich deshalb nicht in selbem Maße in dem die Mehrheit der anderen arabischen Staaten auszeichnenden Dilemma zwischen Modernisierungen nach westlichem Vorbild auf der einen und Rückkehr zu den islamischen Grundwerten auf der anderen Seite. Die Āl Saᶜūd praktizieren den Mittelweg.[160] Das bedeutet nicht, daß einigen sozialen Kräften die Modernisierungen nicht schnell und weit genug vorangetrieben werden, während anderen jegliche Neuerung als unzulässiger Angriff auf den Islam erscheint. Aber ein konservativer, nur im Inhalt, nicht in der Form radikaler Islam, verbunden mit sorgsam abgewogenen Schritten zur ökonomischen und politischen Modernisierung kommt dem konservativen, auf Stabilität bedachten Weltbild der saudiarabischen Bevölkerungsmehrheit zweifellos entgegen.

Auch in diesem Fall bleibe nicht unerwähnt, daß der materielle Reichtum der Āl Saʿūd den Balanceakt begünstigte. Fu'ād Zakarīyā bezeichnete den Islam in Saudi-Arabien als "Wohlstandsislam (al-Islām aṭ-ṭarawī)" bzw. als "Petroislam". Allein das mache ihn so stabil.[161] Die Pauschalisierung hält wohl der Realität nicht stand, aber die konstatierte Bevorteilung sei nachdrücklich unterstrichen.

Fünftens und letztens soll noch auf einen Umstand aufmerksam gemacht werden, der eher in den Bereich historischer Zufälligkeiten gehört. Die Kürze - verbunden mit dem nachvollziehbaren Erreichen der Ziele - des zweiten Golfkrieges stärkte die Position König Fahds in dem unausweichlichen, durch den Krieg nur vorgezogenen und zugespitzten Prozeß innerer Reformen. Der zweite Golfkrieg erschütterte zwar die Wirtschaft sowie das soziale und politische Gefüge Saudi-Arabiens nachhaltig und avancierte zum Katalysator zukunftsweisender Veränderungen, aber er zwang das Königshaus auch zu einem ungewollten, möglicherweise aber gerade noch rechtzeitigen Umdenken. Hätte der Krieg jedoch länger gedauert, einen höheren Blutzoll von der saudiarabischen Bevölkerung gefordert und dem irakischen Diktator am Ende doch einige Erfolge gelassen, wäre Fahd zweifellos in ernste politische Schwierigkeiten geraten, hätte er die dann ausgedehntere Präsenz westlicher Truppen auf der Arabischen Halbinsel immer weniger rechtfertigen können.

Die Zäsur des zweiten Golfkrieges gehört unterdessen zur Geschichte. Erst im kommenden Jahrzehnt wird sich erweisen, ob die Āl Saʿūd auch weiterhin in der Lage bleiben, den Veränderungsprozeß in ihrem Land verantwortlich und bestimmend zu gestalten.

Anmerkungen

1 "In the kingdom, the vehicle for conferring legitimacy is the traditional institution of igma', or consensus. Consent of the governed for the government is expressed through consensus...to act contrary to consensus is to risk becoming a pariah. No one in government can ignore consensus in making a decision any more than he can ignore Islamic law." D.E. Long, Stability in Saudi Arabia. In: Current History, Philadelphia, January 1991, S. 10.

2 Ders., Saudi Arabia in the 1990s: Plus ça change...In: C.F. Doran/S.W. Buck (Hg.), The Gulf, Energy, & Global Security: Political & Economic Issues, Boulder-London 1991, S. 94.

3 Zit. in: M. Morrison, The Sword and the Shield. In: The American Spectator, Arlington, January 1991, S. 21

4 Vgl. ebenda.

5 Vgl. J.L. Esposito/J.P. Piscatori, Democratization and Islam. In: Middle East Journal, Washington D.C., Summer 1991, S. 433.

6 Vgl. ᶜA. al-Bāz, Sūr al-niẓām al-niyābī baina at-taqlīd wa't-taǧdīd: dirāsa taṭbīqīya muqārana li'd-dustūr al-kuwaitī wa dasātīr maǧlis al-taᶜāwun at-ḫalīǧī. In: Maǧallat dirāsāt al-ḫalīǧ wa'l-ǧazīra al-ᶜarabīya, Kuweit (1989) 58, S. 77-144.

7 Vgl.ᶜA. Sāᶜātī, aš-Šūrā fi'l-Mamlaka al-ᶜarabīya as-Saᶜudīya, Kairo 1992, S. 43-48; Der Autor behauptet außerdem, Ibn Saᶜūd habe zeitweilig auch die Einrichtung eines "Grundsystems der Herrschaft" geplant, vgl. S. 97. Der Interessent findet in dem Buch auch eine Gegenübersellung der šūrā-Dekrete von 1926 und 1992, vgl. S. 134-137.

8 Ebenda, S. 108-115.

9 A. al-Yassini, Religion and State in the Kingdom of Saudi Arabia, Boulder-London 1985, S. 129; vgl. auch Ḥ. ᶜAbbās, Fahd: al-waṭan wa'l-ḥadaṯ, Ǧidda 1984, S. 123.

10 M. Heller/N. Safran, The New Middle Class and Regime Stability in Saudi Arabia. Cambridge, Mass. 1985, S. 15; vgl. auch D. Hirst, The House of Saud On Shifting Sands. In: The Guardian, London, Februar 1991, S. 20; A.R. Norton, Breaking through the wall of fear in the Arab world. In: Current History, a.a.O., Januar 1992, S. 39.

11 J. Miller, The struggle within. In: New York Times Magazine, 10.3.1991, S. 31.

12 "That syndrome consists of a combination of a political system that is locked in immobility at a time when the social and economic system are experiencing far-reaching changes at a dizzying pace. The failure of the political system to make even minimal adaptations to the economic and social changes was illustrated by the continuing inability of the collective leadership to enact a basic law more than twenty years after many of the members recognized the need for one that would carefully open up the system to participation by newly emerged classes." N. Safran, Saudi Arabia: The Ceaseless Quest for Security, Ithaca-London 1988, S. 457.

13 Vgl. Saudi Arabia, Washington D.C., März 1991, S. 7.

14 Vgl. H.H. Albers, Saudi Arabia; Technocrats in a Traditional Society, New York 1989, S. 184.

15 Vgl. A.H. Cordesman, Western Strategic Interests in the Southern Gulf: Strategic Relations and Military Realities, Boulder-London 1987, S. 17, Tab. 2.1.

16 Vgl. Safran, Saudi Arabia..., a.a.O.

17 Vgl. Long, Stability..., a.a.O., S. 12.

18 Vgl. Safran, Saudi Arabia..., a.a.O.

19 Vgl. E. Thiemann, Wirtschaftliche und soziale Transformationsprozesse in den arabischen Golfmonarchien unter den Bedingungen von Erdölwirtschaft und Weltmarktintegration - Eine Bestandsaufnahme nach Beendigung des Golfkrieges. In: asien, afrika, lateinamerika, Berlin (1993) 4, S. 670f.

20 Vgl. Safran, Saudi Arabia..., a.a.O., S. 458.

21 Vgl. Cordesman, Western..., a.a.O.

22 McLachlan, K., Saudi Arabia: Political and Social Evolution. In: I.R. Netton (Hg.), Arabia and the Gulf: From traditional Society to modern States, Totowa, N.J. 1986, S. 103.

23 Vgl. stellvertretend für andere gleichlautende Prognosen: A. Krommer, Entwicklungsstrategien der arabischen Golfstaaten, Frankfurt/M.-Bern-New York 1986, S. 60.

24 Vgl. Long, Stability..., a.a.O., S. 11.

25 Vgl. R. Abu-Namay, Constitutional Reform: A Systimatization of Saudi Politics. In: Journal of South Asian and Middle Eastern Studies, Villanova, (1993) 3, S. 49.

26 Vgl. The Middle East, London, Nr. 230, Januar 1994, S. 23.

27 Vgl. Saudi Arabia, a.a.O., S. 9.

28 Vgl. E. O'Sullivan, Saudi Arabia: Special Report. In: Middle East Economic Digest (MEED), London, (1994) 10, S. 28.

29 Vgl. The Middle East, Nr. 231, Februar 1994, S. 24f.

30 Vgl. ebenda, Nr. 230, Januar 1994, S. 23.
31 Arab News, Ǧidda, 12.10.1993.
32 Vgl. ebenda.
33 Saudi Arabia, a.a.O., S. 10.
34 ad-Dāra, ar-Riyāḍ (1990)3, S. 96-111.
35 A. Issa, Legitimität und Stabilität im Nahen Osten: Saudi-Arabien, Siegen 1988, S. 36.
36 "The region's leading ulama were mostly Azhar graduates or those who studied in the Mecca and Madina mosques. Najdi ulama, on the other hand, had concentrated in their learning as well as in their teaching on the principles of Wahhābism and Hanbali *fiqh*, with little interests in grammar, syntax, or other traditional subjects of Islamic sciences. Moreover, the religious education of Āl Shaykh was handed down from father to son, with little contact with outside scholars...The difference in educational background between the Najdi and Hejazi ulama made the former more fanatical and literal in their understanding and application of religion." A. al-Yassini, Religion..., a.a.O., S. 48.
37 Vgl. dazu u.a. N. Aštī, Sāẖtār-e Ḥokūmat-e Arabistān-e Sa'ūdī, Teheran 1987, S. 18ff. Die Behauptung, die Āl Saʿūd verdienten die Bewahrung der Heiligen Stätten des Islam nicht, war dabei eingebettet in eine plakative Propaganda, nach der Saudi-Arabien insgesamt ein Vehikel der USA zur Störung der iranischen Revolution sei (S.6ff.) bzw. durch die Bildung des Gulf Cooperation Councils (GCC) an der Spitze eines gegen Iran gerichteten Paktes stehe (S. 43-50).
38 Vgl. auch J. Piscatori, Religion and Realpolitik: Islamic Responses to the Gulf War. In: J. Piscatori (Hg.), Islamic fundamentalism and the Gulf crisis, Chicago 1991, S. 7.
39 Vgl. F.W. Weston, Political Legitimacy and National Identity in Saudi Arabia: Competing Allegiances. In: The Fletcher Forum, Medford, MA (1987) 1, S. 91.
40 Zit. in: Ebenda, S. 92.
41 Vgl. S.A. Karawan, Monarchs, Mullahs, and Marshals: Islamic Regimes? In: R.D. Lambert/A.W. Heston (Hg.), The Annals of the American Academy of Political and Social Sciences, Newbury Park-London-New Delhi, 524 (1992), S. 108.
42 Yassini, Religion..., a.a.O., S. 79.
43 J. Voll/F.R. von der Mehden, Religious Resurgence and Revolution: Islam. In: B.M. Schutz/R.D. Slater (Hg.), Revolution & Political Change in the Third World, Boulder-London 1990, S. 107.
44 "...most of these phenomena are not deemed to relate the practice of religion. While it is true that the 'ulama are extremely conservative when it comes to religious matters, they are more liberal then followers of other schools of Islamic jurisprudence when it comes to secular affairs, such as industrial development...for the Hanbali school everything is permissible unless prohibited by a text of the Quran or the Sunnah." S.S. Huyeth, Political Adaptation in Sa'udi Arabia, Boulder-London 1985, S. 38.
45 T. Soun, Between Qur'an and Crown: The Challenge of Political Legitimacy in the Arab World, Boulder-London 1990, S. 215.
46 Zit. in: Karawan, Monarchs..., a.a.O., S. 109.
47 Vgl. ebenda.
48 Vgl. Middle East International, London, 14.6.1991, S. 11.
49 Vgl. The Middle East and North Africa 1994, London 1993, S. 751.
50 "There are, of course, many among the ruling families who eagerly imitate the Western life-style but the strict conformism prevailing in Saudi Arabia forces them to conduct two ways of life: at home they make it a point to appear as if they adhere to Islamic tradition and to criticize all those who do not, despite their own behaviour to the contrary; abroad, where many of them invest their assets...some of them live in marked extravagance. News of this other life reaches the Gulf via the Western and

Arab media...[Furthermore- H. F.] the young princes of the Royal Family tend to conclude lucrative deals from which they derive commission and so add to the wealth they derive from oil revenues. Corruption is endemic and becomes part of the entire system and not merely the bureaucracy..." A. Plascov, Modernization, Political Development and Stability. In: S. Chubin (Hg.), Security in the Persian Gulf, London 1982, S. 18.

51 Zit. in: E.A. Doumato, Women and the Stability of Saudi Arabia. In: Middle East Report (MERIP), Washington D.C., Juli/August 1991, S. 35.

52 Vgl. Miller, The Struggle..., a.a.O., S. 39.

53 Wortlaut in: al-Quds al-ᶜarabī, London, 1.8.1991.

54 Vgl. T. Koszinowski, Saudi-Arabien. In: T. Koszinowski/H.P. Mattes (Hg.), Jahrbuch Nahost 1992, Hamburg 1993, S. 138.

55 Vgl. H.P. Mattes, Der antiislamistische Kurs der arabischen Staatsführungen. In: Ebenda, S. 214.

56 Vgl. The Middle East and North Africa 1994, a.a.O., S. 752.

57 Vgl. l'Orient le Jour, Beirut, 12.7.1993.

58 Vgl. Arab News, a.a.O., 3.11.1993.

59 Ebenda, 29.12.1993.

60 Vgl. ebenda.

61 "For the conservatively oriented Wahhābi, the introduction of new things into society could be the work of Satan. It always means another penetration into society by Westernism, the cumulative effect of which could be the erosion of the Islamic faith." Pfaff, R.H., The Kingdom of Saudi Arabia. In: T.Y. Ismael/J.S. Ismael (Hg.), Politics and Government in the Middle East and North Africa, Miami 1991, S. 391.

62 Vgl. Ḥ. al-Ṭāhirī, al-Mamlaka al-ᶜarabīya as-saᶜūdīya: tāriḫ wa wāqiᶜ, Kairo 1991, S. 367-374.

63 Vgl. M.ᶜA. al-Qaṭṭān, ad-Dirāsāt al-iğtimāᶜīya fi'l-muğtamaᶜāt al-badawīya, Ğidda 1980, S. 161. Das Buch liefert darüber hinaus eine übersichtliche Darstellung der Stammesstrukturen Saudi-Arabiens, der beduinischen Erwerbsstruktur und der Aufgabenverteilung innerhalb der Stämme (S. 7-91).

64 G. Utaibi, Rules of Allegiance and Obedience. Zit. in: J. Buchan, Secular and religious opposition in Saudi Arabia. In: T. Niblock (Hg.), State, Society and Economy in Saudi Arabia, London 1982, S. 122.

65 Vgl. ebenda, S. 121.

66 Vgl. Yassini, Religion..., a.a.O., S. 125.

67 al-Iḫwān, ar-Rīyāḍ 1979 (aus Lautsprechermitschnitt vervielfältigtes Flugblatt).

68 Vgl. Saudi Arabia, a.a.O., S. 14.

69 Vgl. auch R.E. Looney, Demographic Change in the Arab Gulf States: Recent Trends and Implications for the Future. In: Scandinavian Journal of Development Alternatives, Stockholm (1990) 2/3, S. 109.

70 Weite Verbreitung fand z.B. ein fiktives Interview zwischen einem "besorgten" Muslim und einem "Amīr"(!?) Saudi-Arabiens in: Y.M. Saᶜīd, Muṯaqqafūn wa amīr! aš-Šūrā wa'l-bāb al-maftūḥ wa'l-mustaqbal. Kairo 1991.

71 Vgl. Hirst, The House..., a.a.O., S. 22.

72 Den Rang eines "Standardwerkes" erreichte in diesem Zusammenhang z.B. das von M. Fu'ād 1992 in Kairo herausgegebene "Schwarze Buch"(al-kitāb al-aswad). Darin beschreibt er u.a. Aufstieg und Fall der Sippe al-Fāsī. Der dubiose marokkanische Mystiker Šams ad-Dīn al-Fāsī (alias Dr. Šaiḫ, nach einem angeblichen Doktorgrad in "Philosophie der Ingenieurwissenschaften" von der Universität Seoul) sei 1973 nach Saudi-Arabien eingewandert. Dort habe seine Tochter Hind 1975 den prominenten Prinzen Turkī ibn ᶜAbd al-Azīz geheiratet. Die vier Brüder der Braut, eine weitere

Schwester, Mutter und Vater hätten danach damit begonnen, das Vermögen Turkīs systematisch zu vergeuden. Šams ad-Dīn richtete ein Handelsmonopol unter dem Namen "al-Fāsī-Trading Corporation" ein, die übrige Familie setzte sich ins Ausland ab. In den USA, Großbritannien und Frankreich häufte sie einen riesigen Immobilienbesitz an, sah sich aber bald auch Anklagen wegen Betruges, Rauschgifthandels und Unterschlagung im großen Stil angeklagt. Dabei tat sich besonders Muḥammad al-Fāsī hervor. Turkī mußte mehrfach für seine Verwandtschaft bürgen und mit seinem Vermögen einstehen. Die Eskapaden und Gerichtsverfahren in zahlreichen Ländern fügten dem Ansehen der Āl Saʿūd schweren Schaden zu und ließen sich auch im Inland kaum verheimlichen. 1978 ging Turkī für mehrere Jahre ins Exil, 1989 wurde Muḥammad al-Fāsī vom saudi-arabischen Geheimdienst aus Jordanien entführt und in Saudi-Arabien inhaftiert.

73 Zit. in: J. Caesar, Rumblings under the Throne. In: The Nation, New York, 17.12.1990, S. 763.

74 Zit. in: Morrison, The Sword..., a.a.O., S. 22.

75 Vgl. M. Kondracke, Sand in our Face. In: The New Republic, New York, 28.1.1991, S. 11.

76 Vgl. M. Abir, Saudi Arabia; Government, Society and the Gulf Crisis, London-New York 1993, S. 198f.

77 Vgl. auch Middle East International, a.a.O., 14.6.1991, S. 11.

78 Am 29.1.1992 entließ der Justizminister z.B. Šaiḫ ʿAbd al-ʿUbaikān, den Vorsitzenden des Gerichtshofes von ar-Riyāḍ wegen Mißachtung der Regierung, im Februar 1992 wurden allein 20 Geistliche verhaftet. Vgl. The Middle East and North Africa 1994, a.a.O., S. 752.

79 Biographie Ahmad Ǧufʿalīs in: Orient, Hamburg 1990 (4), S. 507-512.

80 A. Krommer, Entwicklungsstrategien der Arabischen Golfstaaten, Frankfurt/M.-Bern-New York 1986, S. 167.

81 Vgl. z.B. F. Šadlī, al-Ḥimāya al-iǧrāʾīya min al-ǧass at-tiǧārī fi'n-niẓām as-saʿūdī, ar-Riyāḍ 1992, S. 50-64.

82 Vgl. K.A. Chaudry, Economic Liberalization in Oil-Exporting Countries: Iraq and Saudi Arabia. In: I. Harik/D.J. Sullivan (Hg.), Privatization and Liberalization in the Middle East, Bloomington-Indianapolis 1992, S. 159.

83 Vgl. The Middle East, Nr. 230, Januar 1994, S. 21f.

84 O'Sullivan, Saudi Arabia..., a.a.O., S. 28.

85 Vgl. z.B. S.I. Ǧunaidil, Ḫawāṭir wa nawādir tūrāṯīya: nuṣūṣ tārīḫīya wa ǧuġrāfīya wa iǧtimāʿīya, ar-Riyāḍ 1987. Der Autor beschreibt u.a. die "heile" Welt auf der Arabischen Halbinsel vor der Bildung des Königreichs Saudi-Arabien, die abenteuerlichen Beutezüge (S. 43-48), die Jagd (S. 63-66) und die selbstgenügsame Landwirtschaft (S. 67-72). Aus allen Kapiteln spricht Wehmut über die rasanten Veränderungen im Alltagsleben.

86 Vgl. K.M. al-Ankary/S. al-Bushra (Hg.), Urban and Rural Profiles in Saudi Arabia, Berlin-Stuttgart 1989, S. 1.

87 Vgl. M.A. Qaṭṭān, ad-Dirāsāt..., a.a.O., S. 157ff.

88 Vgl. IBRD, World Development Report, London 1984, S. 191.

89 Vgl. al-Ankary/Bushra (Hg.), Urban..., a.a.O.

90 Vgl. ʿA. Ibrāhīm, Namaṭ an-numū al-ḥaḍārī fi'l-Mamlaka al-ʿarabīya as-saʿūdīya wa inʿikāsātuhu fī maǧāl al-siyāsa wa't-taḫṭīṭ. In: Maǧallat al-ʿulūm al-iǧtimāʿīya, Kuweit, (1992) 3/4, S. 366f.

91 Vgl. M. Palmer, Dilemmas of Political Development: An introduction to the politics of the developing areas, Itasca 1989, S. 22.

92 15 Tage Grundurlaub und 21 Tage nach zehn Berufsjahren. Vgl. aṭ-Ṭāhirī, al-Mamlaka..., a.a.O., S. 352.

93 Vgl. Thiemann, Wirtschaftliche..., a.a.O., S. 673f.

94 Vgl. Chaudhry, Economic..., a.a.O., S. 146.

95 Long, Stability..., a.a.O., S. 13.

96 Abir, Saudi Arabia..., a.a.O., S. 157.

97 E. Goldberg/R. Kasaba/J. Migdal, Introduction. In: dies. (Hg.), Rules and Rights in the Middle East; Democracy, Law, and Society, Seattle-London 1993, S. 12.

98 Vgl. Miller, The Struggle..., a.a.O., S. 39.

99 gl. K.H. al-Naqeeb, Society and State in the Gulf and the Arab Peninsula, London-New York 1990, S. 133.

100 Vgl. Abu-Namay, Constitutional..., a.a.O., S. 52.

101 Vgl. Middle East International, S. 11.

102 Vgl. N. Sulaimān, Asrār al-mu'ǧiza al-inmā'īya wa'l-ḥaḍārīya fi'l-Mamlaka al-ʿarabīya as-saʿūdīya, Kairo 1992, S. 107; vgl. auch Caesar, Rumblings..., a.a.O., S. 762.

103 Eine namentliche Behandlung von Aktivisten im Demokratisierungsprozeß Saudi-Arabiens findet sich u.a. in: Sāʿātī, aš-Šūrā..., a.a.O., S. 91ff.

104 Vgl. Tehran Times, 25.5.1993.

105 Vgl. ebenda, 11.8.1993.

106 Vgl. Arab News, 11.3.1994.

107 Vgl. D. Brumberg, Islamic Fundamentalism, Democracy, and the Gulf War. In: Piscatori (Hg.), Islamic..., a.a.O., S. 188.

108 Fahd's "Hofbiograph" Ḥ. ʿAbbās schrieb dem Monarchen schon 1984 zu, daß sein Staatsziel die "demokratische Öffnung" (infitāḥ dīmūqrāṭī) sei und daß er sich als "erster Bürger" (muwāṭin awwal) des Landes begreife. Vgl. Abbās, Fahd..., a.a.O., S. 99 und 104.

109 "The Kingdom of Saudi-Arabia is a twentieth-century political anomaly. Ruled by an extended family numbering in the thousands, it is governed much in the fashion of a family feudal estate. The legitimacy of their state rests upon familial, tribal, and religious traditions that appear to be in antipodal relationship to those of a modern society." Pfaff, The Kingdom..., a.a.O., S. 385.

110 "The patrimonial system displays a different attribute, one in which an identifiable administrative structure develops and spreads throughout society. The tasks of government ... become more specialized, complex and elaborate. As a result of the specialization of roles and complexity of institutions, the ruler's relationship to the ruled is conducted through a network of bureaucrats. Although differences between the patriarchal and patrimonial system are well marked the patrimonial form of rule remains an extension of the patriarchal system." Yassini, Religion..., a.a.O., S. 122.

111 Vgl. Abir, Saudi Arabia..., a.a.O., S. 7.

112 "The dynasty's reluctance to mark real changes stems from (its) fears that nothing that (it) can grant could satisfy the expectations of those outside the present system. The latter will insist on far-reaching changes and will view any minor modifications as simply a step on the way to full participation. The regime (is) nevertheless aware that (it) had better institutionalize such reforms from a position of strength before changes are imposed on (it) by events. After all, the *way* things are handled could prove far more important than the changes themselves." Plascov, Modernization..., a.a.O., S. 135.

113 Arab News, 30.12.1993.

114 Zit. in: Koszinowski, Saudi-Arabien..., a.a.O., S. 137; weitere Erläuterungen zu den Dekreten u.a. in: Sulaiman, Asrar..., a.a.O., S. 135-173.

115 Naqla ḥaḍārīya wa ḫaṭra rašīda fi niẓām al-ḥukm as-saʿūdī: Maǧlis aš-šūrā, Kairo 1992, S. 33.

116 "...it would seem that Saudi Arabia is far less vulnerable in that its sheer size and its countrywide network of intertwined family interests allows it to extend its control to all spheres of life without having to accomodate other internal forces. Moreover, the common fear of the ruling class of losing their favourable position, in which all members of the huge family have vested interests, ensures their crucial loyalty to the throne and promises a united front against any opposition emanating from outside the royal court, regardless of all quarrels inside the ruling family." Plascov, Modernization..., a.a.O., S. 137.

117 Vgl. G. Salamé, Political Power and the Saudi State. In: A. Hourani/P.S. Khoury/ M.C. Wilson (Hg.), The Modern Middle East, London-New York 1993, S. 584.

118 Vgl. ebenda.

119 Vgl. auch Ḥ. aṭ-Ṭāhirī, al-Ḥaras al-waṭanī. In: Ders., al-Mamlaka..., a.a.O., S. 218-226.

120 Vgl. ebenda.

121 Vgl. Caesar, Rumblings..., a.a.O., S. 64.

122 Vgl. Yassini, Religion..., a.a.O., S. 85.

123 Die "Jugendsünden" bedeuten für Fahd zuweilen eine schwere Hypothek. Im Ausland aufgelegte Schmähschriften finden über die beschriebenen Kanäle häufig auch ihren Weg nach Saudi-Arabien. Besonderes Gewicht erreichte z.B. das 1988 in Beirut herausgegebene zweibändige Werk von ʿA. aš-Šamarānī, Mamlaka al-faḍā'iḥ: Asrār al-quṣūr al-malikīya as-saʿūdīya. Das Buch versucht, Fahd der Lächerlichkeit preiszugeben, es bezeichnet ihn als Heuchler und minderbemittelten Staatsmann, den nur das Erdöl zu dem gemacht habe, was er sei (Bd. 1, S. 30-42). Der König vergeude den Reichtum der Muslime (Bd. 2, S. 379-384) und arbeite eng mit der CIA zusammen (ein "Totschlagargument", Bd. 2, S. 401) Häufig geraten aš-Šamarānīs Vorwürfe aber zur kaum verifizierbaren Anekdotensammlung, die Zwischenüberschriften (Fahd, der Gaukler; Fahd, König des Glücksspiels und der Frauen, Fahd und die Kunst der freien Rede) sind nicht dazu angetan, Vertrauen in die nachfolgenden Abhandlungen zu setzen. Immerhin geht Gefahr von den belegten Textstellen aus. So habe Fahd am 19.10.1974 6 Mill. $ in Monte Carlo verspielt (Bd. 1, S. 193) und am 6.2.1986 ein 20 Mill. m^2 großes Erholungsgrundstück auf Mallorca erworben (Bd. 1, S. 223). Schwere Anklagen bringt der Autor auch gegen Söhne Fahds vor. Muḥammad sei dabei ertappt worden, während des Ramadans Wein zu trinken (Bd. 2, S. 327), der 1973 geborene jüngste Sohn ʿAbd al-Azīz bekäme eine wöchentliche Apanage von 6 Mill. $ und verfüge bereits über ein Bankkonto in Höhe von 1,6 Md. $ (Bd. 1, S. 404). Bei aller Zweifelhaftigkeit der Angaben scheint Fahd jedoch bei der Erziehung seiner männlichen Nachkommen weniger Konsequenz bewiesen zu haben als z.B. König Faiṣal.

124 Vgl. Miller, The Struggle..., a.a.O., S. 39.

125 Plascov, Modernization..., a.a.O., S. 138.

126 Vgl. Miller, The Struggle..., a.a.O., S. 46.

127 "Cutting across the collateral branches are the grandchildren of Ibn Saud. Whether they be Sudayris, Jiluwis, or Thunayans, their views do not as yet carry the same weight as those of their elders. Collectively, however, they represent a distinct group of members of the royal family whose educational background, career pattern, and social outlook differ from those of their elders." Yassini, Religion..., a.a.O., S. 92.

128 Vgl. W. Kopf, Erben der Wüste: Saudi-Arabiens Weg, Hildesheim-Zürich-New York 1991, S. 27.

129 Vgl. Pfaff, The Kingdom..., a.a.O., S. 404f.

130 Vgl. S. Raǧāb, Ḥukm al-umma wa'l-azmat al-ḫalīǧ, Kairo 1992, S. 171-178.

131 Albers, Saudi Arabia..., a.a.O., S. 219.

132 Es sei daran erinnert, daß die Fixierung einer Verfassung schon eine Hauptforderung in dem bekannten 10-Punkte-Programm König Faiṣals ausmachte, das bekanntlich die Modernisierungen in Saudi-Arabien einleitete. Daneben waren auch die Schaffung neuer Strukturen für die Provinzen und für das Rechtssystem angesprochen worden. (G. de Gaury, Faisal, Paris 1963, S. 148).

133 Die Zusammensetzung der Kommission wurde am 2.3.1992 erstmals öffentlich bekanntgegeben. Demnach gehörten ihr an:
Prinz Nāyif, Vorsitzender, Innenminister seit 1965;
ᶜAbd al-Wahhāb ᶜAbd al-Wāsiᶜ, Minister für Pilgerangelegenheiten und religiöse Einrichtungen seit 1975;
Ibrāhīm al-Andaqīrī, Ratgeber des Königs;
Abd al-Azīz at-Tuwaiǧirī, Ratgeber von Kronprinz 'Abdallāh, stellvertretender Kommandeur der Nationalgarde;
ᶜAbd ar-Raḥmān Manṣūrī, stellvertretender Außenminister;
Muḥammad Ibrahīm Masᶜūd, Staatsminister für Angelegenheiten des Ministerrates;
Muḥammad ibn Ǧubair, Justizminister und neuer Vorsitzender des Konsultativrates;
Rašīd al-Ḥunain, Ratgeber des Königs;
Muṭṭalib Nafīsa, Harvard-Absolvent und Chef des Expertenstabes im Ministerrat;
Ṣāliḥ al-Ḥusain, Sorbonne-Absolvent und früherer Staatsminister;
ᶜAbd al-ᶜAzīz as-Ṣalām, Generalsekretär des Ministerrates und Sekretär der Verfassungskommission;
vgl. aš-Šarq al-ausaṭ, London, 2.3.1992.

134 Vgl. Abu-Namay, Constitutional..., a.a.O., S. 54.

135 Vgl. ebenda, S. 55f.

136 Vgl. Umm al-Qurā, ar-Riyāḍ, Nr. 2988, 11.11.1983, S. 24-29.

137 Vgl. Abu-Namay, Constitutional..., a.a.O., S. 71.

138 Vgl. Arab News, 21.8.1993.

139 The Middle East, Nr. 233, April 1994, S. 17.

140 Ebenda.

141 Washington Post, 6.3.1992.

142 Vgl. I. al-Awaji, Bureaucracy and Development in Saudi Arabia: The case of local administration. In: J.G. Jabbra (Hg.), Bureaucracy and Development in the Arab World, Leiden 1988, S. 50.

143 "...the Saudi entity has come to depend more than ever before on a single economic center, the oil-producing Hasa region... If rebels were somehow to seize this area, they could hold the entire state hostage at least as effectively as could rebels in another case seizing the capital." Heller/Safran, The New Middle Class..., a.a.O., S. 23.

144 Vgl. Qaṭṭān, ad-Dirāsāt..., a.a.O., S. 101-131.

145 Salamé, Political..., a.a.O., S. 590.

146 Vgl. al-Ḥawādiṯ, Beirut, 5.7.1991.

147 Vgl. dazu z. B. die umfangreiche Studie von I. al-Muṭairī, Ḥ.Ḥ. Zarrūq und ᶜA. Ḥasan, al-Idāra al-maḥallīya fi'l-Mamlaka al-ᶜarabīya as-saᶜūdīya, ar-Riyāḍ 1989 (dabei besonders die Abschnitte über die Tätigkeit der amerikanischen Consultingfirma Mackenzie, S. 95ff.).

148 Vgl. Awaji, Bureaucracy..., a.a.O., S. 55.

149 Vgl. The Middle East, Nr. 233, April 1994, S. 18.

150 Vgl. Arab News, 17.9.1993.

151 Vgl. B. Ecevit, Prospects and Difficulties of Democratization in the Middle East. In: Goldberg/Kasaba/Migdal (Hg.), Rules..., a.a.O., S. 145f.

152 Long, Saudi Arabia..., a.a.O., S. 91.

153 Vgl. Kopf, Erben..., a.a.O., S. 140.

154 "The issue is not whether or not people wish to have a voice in the political affairs of their country, but how. Political scientists have tended to neglect those institutions or processes already present in a traditional society which serve the purposes of interest articulation and aggregation. The form which participation takes, and the likely ways in which that might change depend to a large degree on cultural norms. The real issue is whether or not individuals or groups are kept out of the political process, either by force or otherwise." Huyeth, Political..., a.a.O., S. 8f.

155 "The Saᶜūdi case demonstrates the ability of a developing country to generate institutions consistent with its political culture, suggesting that home-grown institutions fare better because they conform to indigenous patterns of interaction, beliefs and values. Herein lies the distinction between political adaptation and political development. Adaptation represents the system's own response to changing environmental demands, while development implies that there is an externally defined set of objectives to which all systems should aspire." Ebenda, S. 134.

156 Issa, Legitimität..., a.a.O., S. 37.

157 "Clearly, the interests of the family (Al Sa'ud - H.F.) continue to outweight the desires of individual members, and the king and the junior princes have avoided the tactic of divide and rule so common in other monarchical systems." Huyeth, Political..., a.a.O., S. 137.

158 "The society is an enlarged household; the personal ties that dominate the activities of the royal family are the model for relationship in other social units." Yassini, Religion..., a.a.O., S. 105.

159 Long, Stability..., a.a.O., S. 10.

160 "Saudi Arabia's approach is unique in that it espouses an Islamic answer that is non-radical, moderate in rhetoric, restrained in presentation, yet vehemently conservative in social and political ideology." Pfaff, The Kindom..., a.a.O., S. 386.

161 Vgl. F. Zakarīyā, al-Ḥaqīqa wa'l-wahm fi'l-ḥaraka al-islāmīya al-muᶜāṣira. Kairo 1986, S. 22-26.

Auswahlbibliographie

1. Monographien

ᶜAbbās, Ḥ.: Fahd: al-waṭan wa'l-ḥadaṯ. Ǧidda 1984.
Abir, M.: Saudi Arabia. Government, Society and the Gulf Crisis. London-New York 1993.
Abu-Dawood, A.R.S.: International Boundaries of Saudi Arabia. New Delhi 1990.
Albers, H.H.: Beduinen und Manager: Saudi-Arabiens Weg in die Zukunft. Düsseldorf 1981.
Albers, H.H.: Saudi Arabia. Technocrats in a Traditional Society. New York 1989.
al-Ankary, K.M./S. al-Bushra (Hg.): Urban and Rural Profiles in Saudi Arabia. Berlin-Stuttgart 1989
Asti, N.: Sahtar-e Hokumat-e Arabistan-e Sa'udi. Teheran 1987.
Ayoob, M. (Hg.): The Middle East in World Politics. Boulder-London 1981.

Blume, H. (Hg.): Saudi-Arabien. Natur, Geschichte, Mensch und Wirtschaft. Tübingen-Basel 1976.

Chubin, S. (Hg.): Security in the Persian Gulf. London 1982.
Cordesman, A.H.: Western Strategic Interests in the Southern Gulf: Strategic Relations and Military Realities. Boulder-London 1987.
Cunningham, M.: Hostages of Fortune. The Future of Western Interests in the Arabian Gulf. London-Oxford-Washington D.C. 1988.

Dawisha, A.: Saudi-Arabien und seine Sicherheitspolitik. London-München 1981.
Doran, C.F./S.W. Buck (Hg.): The Gulf, Energy, & Global Security: Political & Economic Issues. Boulder-London 1991.

Fu'ād, M.: al-Kitāb al-aswad, Kairo 1992.

Gaury, G. de: Faisal. Paris 1963.
Goldberg, E./R. Kasaba/J. Migdal (Hg.): Rules and Rights in the Middle East. Democracy, Law, and Society. Seattle-London 1993.
Ǧunaidil, S.I.: Ḫawāṭir wa nawādir tūrāṯīya: nuṣūṣ tārīḫīya wa ǧuġrāfīya wa iǧtimāᶜīya. ar-Riyāḍ 1987.

Harik, I./D.J. Sullivan (Hg.): Privatization and Liberalization in the Middle East. Bloomington-Indianapolis 1992.
Heller, M./N. Safran: The New Middle Class and Regime Stability in Saudi Arabia. Cambridge, Mass. 1985.
Holden, D./R. Johns: Die Dynastie der Sauds. Wüstenkrieger und Weltfinanziers. Düsseldorf-Wien 1983.
Hopwood, D.: The Arabian Peninsula. Society and Politics. London 1972.
Hourani, A./P.S. Khoury/M.C. Wilson (Hg.): The Modern Middle East. London-New York 1993.
Huyeth, S.S.: Political Adaptation in Sa'udi Arabia. Boulder-London 1985.

IBRD, World Development Report. London 1984.

Ismael, T.Y./J.S. Ismael (Hg.): Politics and Government in the Middle East and North Africa. Miami 1991.
Issa, A.: Legitimität und Stabilität im Nahen Osten: Saudi-Arabien. Siegen 1988.

Jabbra, J.G. (Hg.): Bureaucracy and Development in the Arab World. Leiden 1988.

Kopf, W.: Erben der Wüste: Saudi-Arabiens Weg. Hildesheim-Zürich-New York 1991.
Koszinowski, T./H.P. Mattes (Hg.): Jahrbuch Nahost, Hamburg, lfd. Jahrgänge.
Krommer, A.: Entwicklungsstrategien der arabischen Golfstaaten. Frankfurt/M.-Bern-New York 1986.

Layne, L.L. (Hg.): Elections in the Middle East. Boulder-London 1987.

Martin, L.G.: The Unstable Gulf. Threats from within. Lexington-Toronto 1984.
The Middle East and North Africa 1994. London 1993.
al-Muṭairī, I./Ḥ.Ḥ. Zarrūq/ᶜA. Ḥasan: al-Idāra al-maḥallīya fi'l-Mamlaka al-ᶜarabīya as-saᶜūdīya, ar-Riyāḍ 1989.

al-Naqeeb, K.H.: Society and State in the Gulf and the Arab Peninsula. London, New York 1990.
Naqla ḥaḍārīya wa ḫaṭra rašīda fi niẓām al-ḥukm as-saᶜūdī: Mağlis aš-šūrā. Kairo 1992.
Netton, I.R. (Hg.): Arabia and the Gulf: From traditional Society to modern States. Totowa, N.J. 1986.
Niblock, T. (Ed.), State, Society and Economy in Saudi Arabia. London 1982

Önder, Z.: Saudi-Arabien: Zwischen islamischer Ideologie und westlicher Ökonomie. Stuttgart 1980.

Palmer, M.: Dilemmas of Political Development: An introduction to the politics of the developing areas. Itasca 1989
Piscatori, J. (Hg.): Islamic fundamentalism and the Gulf crisis. Chicago 1991.

al-Qaṭṭān, M.ᶜA.: ad-Dirāsāt al-iğtimāᶜīya fi'l-muğtamaᶜāt al-badawīya. Ğidda 1980.
Quandt, W.B.: Saudi Arabia in the 80s. Washington D.C. 1981.

Rağāb, S.: Ḥukm al-umma walazmat al-ḫalīğ. Kairo 1992.

Sāᶜātī, ᶜA.: aš-Šūrā fi'l-Mamlaka al-ᶜarabīya as-saᶜudiya. Kairo 1992.
Šadlī, F.: al-Ḥimāya al-iğrā'īya min al-ğašš at-tiğārī fi'n-niẓām as-saᶜūdī. ar-Riyāḍ 1992.
Safran, N.: Saudi Arabia: The Ceaseless Quest for Security. Ithaca & London 1988.
Saᶜīd, Y.M.: Mutaqqafūn wa amīr! aš-Šūrā wa'l-bāb al-maftūḥ wa'l-mustaqbal. Kairo 1991.
aš-Šamarānī,ᶜA.: Mamlaka al-faḍā'iḥ: Asrār al-quṣūr al-malikīya as-saᶜūdīya. Beirut 1988.
Schutz, B.M./R.D. Slater (Hg.), Revolution & Political Change in the Third World. Boulder-London 1990
Sindelar III, H.R./J.E. Peterson (Hg.): Crosscurrents in the Gulf. London-New York 1988.
Soun, T.: Between Qur'an and Crown: The Challenge of Political Legitimacy in the Arab World. Boulder-London 1990.
Sulaimān, N.: Asrār al-mu'ğiza al-inmā'īya wa'l-ḥaḍārīya fi'l-Mamlaka al-ᶜarabīya as-saᶜūdīya. Kairo 1992.

al-Ṭāhirī, Ḥ.: al-Mamlaka al-ᶜarabīya as-saᶜūdīya: tārīḫ wa wāqiᶜ. Kairo 1991.

al-Yassini, A.: Religion and State in the Kingdom of Saudi Arabia. Boulder-London 1985.

Zakarīyā, F.: al-Ḥaqīqa wa'l-wahm fi'l-ḥaraka al-islāmīya al-muᶜāṣira. Kairo 1986.

2. Periodika

al-Ahrām, Kairo
American Arab Affairs, Washington D.C.
The American Spectator, Arlington
The Annals of the American Academy of Political and Social Sciences, Newbury Park-London-New Delhi
al-ᶜArab, London
Arab Asian Affairs, London
The Arab Gulf Journal, London
Arab Month, London
Arab News, Gidda
Arab Studies Quarterly, Chattanoga
Arabia, The Islamic World Review, London
Asian Affairs, London
asien, afrika, lateinamerika (aala), Berlin
BBC-Summary of World Broadcasts-Middle East Series, London
Current History, Philadelphia
ad-Dāra, ar-Riyāḍ
The Economist, London
Europaarchiv, Bonn
Fletcher Forum, Medford
Foreign Affairs, Washington D.C.
Foreign Policy, New York
The Guardian, London
Gulf News, Kairo
al-Ḥawādiṯ, Beirut
International Journal of Middle East Studies, Cambridge
Journal of Arab Affairs, Fresno
Journal of South Asian and Middle Eastern Studies, Villanova
Kalimat al-ǧazīra, ar-Riyāḍ
Maǧallat dirāsāt al-ḫalīǧ wa'l-ǧazīra al-ᶜarabīya, Kuweit
Maǧallat al-ᶜulūm al-iǧtimāᶜīya, Kuweit
Mideast Mirror, London
The Middle East
Middle East Economic Digest (MEED), London
Middle East International, London
Middle East Journal, Washington D.C.
Middle East Newsletters - Gulf States, London
Middle East Report (MERIP), Washington D.C.
Middle East Review, New York
Middle Eastern Studies, London

an-Nahār al-ᶜarabī wa'd-duwalī, Kuweit
The Nation, New York
The New Republic, New York
The New York Times Magazine, New York
Orient, Hamburg
l'Orient le Jour, Beirut
al-Qabas, Kuweit
al-Quds al-ᶜarabī, London
Political Science Quarterly, Washington, D.C.
as-Safīr, Beirut
aš-Šarq al-ausaṭ, London
Saudi Arabia, Washington, D.C.
Saudi Arabian Bulletin, London
Scandinavian Journal of Development Alternatives, Stockholm
as-Siyāsa, Kuweit
Tehran Times, Teheran
Umm al-qurā, ar-Riyāḍ
Washington Post, Washington D.C.
al-Waṭan, Kuweit

Anhang

The Basic Law of Government

Chapter One
General Principles

Article One: The Kingdom of Saudi Arabia is a sovereign Arab Islamic state with Islam as its religion; God's Book and the Sunnah of His Prophet, God's prayers and peace be upon him, are its constitution, Arabic is its language and Riyadh is its capital.

Article Two: The state's public holidays are Id al-Fitr and Id al-Adha. Its calendar is the Hegira calendar.

Article Three: The state' s flag shall be as follows:
(a) It shall be green.

(b) Its width shall be equal to two-thirds of it's length.

(c) The words "There is but one God and Mohammad is His Prophet" shall be inscribed in the centre with a drawn sword under it. The statute shall define the rules pertaining to it.

Article Four: The state's emblem shall consist of two crossed swords with a palm tree in the upper space between them. The statute shall define the state's anthem and its medals.

Chapter Two

Article Five:
(a) The system of government in the Kingdom of Saudi Arabia is monarchy.

(b) Rule passes to the sons of the founding King, Abd al-Aziz Bin Abd al-Rahman al-Faysal Al Sa'ud, and to their children's children. The most upright among them is to receive allegiance in accordance with the principles of the Holy Koran and the Tradition of the Venerable Prophet.

(c) The King chooses the Heir Apparent and relieves him of his duties by Royal order.

(d) The Heir Apparent is to devote his time to his duties as an Heir Apparent and to whatever missions the King entrusts him with.

(e) The Heir Apparent takes over the powers of the King on the latter's death until the act of allegiance has been carried out.

Article Six: Citizens are to pay allegiance to the King in accordance with the holy Koran and the tradition of the Prophet, in submission and obedience, in times of ease and difficulty, fortune and adversity.

Article Seven: Government in Saudi Arabia derives power from the Holy Koran and the Prophet's tradition.

Article Eight: Government in the Kingdom of Saudi Arabia is based on the premise of justice, consultation (Arabic: shura) and equality in accordance with the Islamic Shari'ah.

Chapter Three

Features of the Saudi Family

Article Nine: The family is the kernel of Saudi society, and its members shall be brought up on the basis of the Islamic faith, and loyalty and obedience to God, His Messenger, and to guardians; respect for and implementation of the law, and love of and pride in the homeland and its glorious history as the Islamic faith stipulates.

Article Ten: The state will aspire to strengthen family ties, maintain its Arab and Islamic values and care for all its members, and to provide the right conditions for the growth of their resources and capabilities.

Article Eleven: Saudi society will be based on the principle of adherence to God's command, on mutual cooperation in good deeds and piety and mutual support and inseparability.

Article Twelve: The consolidation of national unity is a duty, and the state will prevent anything that may lead to disunity, sedition and separation.

Article Thirteen: education will aim at instilling the Islamic faith in the younger generation, providing its members with knowledge and skills and preparing them to become useful members in the building of their society, members who love their homeland and are proud of its history.

Chapter Four

Economic Principles

Article Fourteen: All God's bestowed wealth, be it under the ground, on the surface or in national territorial waters, in the land or maritime domains under the state's control, are the property of the state as defined by law. The law defines means of exploiting, protecting and developing such wealth in the interests of the state, its security and economy.

Article Fifteen: No privilege is to be granted and no public resource is to be exploited without a law.

Article Sixteen: Public money is sacrosanct. The state has an obligation to protect it and both citizens and residents are to safeguard it.

Article Seventeen: Property, capital and labour are essential elements in the Kingdom's economic and social being. They are personal rights which perform a social function in accordance with Islamic Shari'ah.

Article Eighteen: The state protects freedom of private property and its sanctity. No one is to be stripped of his property except when it serves the public interest, in which case fair compensation is due.

Article Nineteen: Public confiscation of money is prohibited and the penalty of private confiscation is to be imposed only by a legal order.

Article Twenty: Taxes and fees are to be imposed on a basis of justice and only when the need for them arises. Imposition, amendment, revocation and exemption is only permitted by law.

Article Twenty-one: Alms tax (Arabic: zakat) is to be levied and paid to legitimate recipients.

Article Twenty-two: Economic and social development is to be achieved according to a just and scientific plan.

Chapter Five

Rights and Duties

Article Twenty-three: The state protects Islam; it implements its Shari'ah; it orders people to do right and shun evil; it fulfils the duty regarding God's call.

Article Twenty-four: The state works to construct and serve the Holy Places; it provides security and care for those who come to perform the pilgrimage and minor pilgrimage in them through the provision of facilities and peace.

Article Twenty-five: The state strives for the achievement of the hopes of the Arab and Islamic nation for solidarity and unity of word, and to consolidate its relations with friendly states.

Article Twenty-six: The state protects human rights in accordance with the Islamic Shari'ah.

Article Twenty-seven: The state guarantees the rights of the citizen and his family in cases of emergency, illness and disability, and in old age; it supports the system of social security and encourages institutions and individuals to contribute in acts of charity.

Article Twenty-eight: The state provides job opportunities for who-ever is capable of working; it enacts laws that protect the employee and employer.

Article Twenty-nine: The state safeguards science, literature and culture; it encourages scientific research; it protects the Islamic and Arab heritage and contributes toward the Arab, Islamic and human civilisation.

Article Thirty: The state provides public education and pledges to combat illiteracy.

Article Thirty-one: The state takes care of health issues and provides health care for each citizen.

Article Thirty-two: The state works for the preservation, protection and improvement of the environment, and for the prevention of pollution.

Article Thirty-three: The state establishes and equips the armed forces for the defence of the Islamic religion, the Two Holy Places, society and the citizen.

Article Thirty-four: The defence of the Islamic religion, society and the country is a duty for each citizen. The regime establishes the provisions of military service.

Article Thirty-five: The statutes define the Regulations governing Saudi Arabian nationality.

Article Thirty-six: The state provides security for all its citizens and all residents within its territory and no one shall be arrested, imprisoned or have their actions restricted except in cases specified by statutes.

Article Thirty-seven: The home is sacrosanct and shall not be entered without the permission of the owner or be searched except in cases specified by statutes.

Article Thirty-eight: Penalties shall be personal and there shall be no crime or penalty except in accordance with the Shari'ah or organisational law (Arabic: nizami) [presumably meaning non-religious law]. There shall be no punishment except for acts committed subsequent to the coming into force of the organisational law.

Article Thirty-nine: Information, publication and all other media shall employ courteous language (Arabic: kalimah tayyibah) and the state's regulations, and they shall contribute to the education of the nation and the bolstering of its unity. All acts that foster sedition or division or harm the state's security and its public relations or detract from man's dignity and rights shall be prohibited. The statutes shall define all that.

Article Forty: Telegraphic, postal, telephone and other means of communications shall be safeguarded. They cannot be confiscated, delayed, read or listened to except in cases defined by statutes.

Article Forty-one: Residents of the Kingdom of Saudi Arabia shall abide by its laws and shall observe the values of Saudi society and respect its traditions and feelings.

Article Forty-two: The state shall grant the right to political asylum when the public interest demands this. Statutes and international agreements shall define the rules and procedures governing the extradition of common criminals.

Article Forty-three: The King's court and that of the Crown Prince shall be open to all citizens and to anyone who has a complaint or a plea against an injustice. Every individual shall have a right to address the public authorities in all matters affecting him.

Chapter Six

The Authorities of the State

Article Forty-four: The authorities of the state consist of the following: the judicial authority; the executive authority; the regulatory authority. These authorities cooperate with each other in the performance of their duties, in accordance with this and other laws. The King shall be the point of reference for all these authorities.

Article Forty-five: The source of the deliverance of fatwa in the Kingdom of Saudi Arabia are God's Book and the Sunnah of His Messenger. The law will define the composition of the senior ulema body, the administration of scientific research, deliverance of fatwa and it's (the body of senior ulema's) functions.

Article Forty-six: The judiciary is an independent authority. There is no control over judges in the dispensation of their judgements except in the case of the Islamic Shari'ah.

Article Forty-seven: The right to litigation is guaranteed to citizens and residents of the Kingdom on an equal basis. The law defines the required procedures for this.

Article Forty-eight: The courts will apply the rules of the Islamic Shari'ah in the cases that are brought before them, in accordance with what is indicated in the Book and the Sunnah, and statutes decreed by the Ruler which do not contradict the Book or the Sunnah.

Article Forty-nine: Observing what is stated in Article Fifty-three of this law, the courts shall arbitrate in all disputes and crimes.

Article Fifty: The King, or whoever deputises for him, is responsible for the implementation of judicial rulings.

Article Fifty-one: The authorities establish the formation of the Higher Council of Justice and its prerogatives; they also establish the seniority of the courts and their prerogatives.

Article Fifty-two: The appointment of judges and the termination of their duties is carried out by Royal decree by a proposal from the Higher Council of Justice in accordance with the provisions of the law.

Article Fifty-three: The law establishes the seniority of the tribunal of complaints and its prerogatives.

Article Fifty-four: The law establishes the relationship between the investigative body and the Prosecutor-general, and their organisation and prerogatives.

Article Fifty-five: The King carries out the policy of the nation, a legitimate policy in accordance with the provisions of Islam; the King oversees the implementation of the Islamic Shari'ah, the system of government, the state's general policies; and the protection and defence of the country.

Article Fifty-six: The King is the head of the Council of Ministers; he is assisted in carrying out his duties by members of the Council of Ministers, in accordance with the provisions of this and other laws. The Council of Ministers establishes the prerogatives of the Council regarding internal and external affairs, the organisation of and co-ordination between government bodies. It also establishes requirements to be fulfilled by ministers, their prerogatives, the manner of their questioning and all issues concerning them. The law on the Council of Ministers and its prerogatives is to be amended in accordance with this law.

Article Fifty-seven:
(a) The King appoints and relieves deputies of the prime minister and ministers and members of the Council of Ministers by Royal decree.

(b) The deputies of the prime minister and ministers of the Council of Ministers are responsible, by expressing solidarity before the King, for implementing the Islamic Shari'ah and the state's general policy.

(c) The King has the right to dissolve and reorganise the Council of Ministers.

Article Fifty-eight: The King appoints those who enjoy the rank of ministers, deputy ministers and those of higher rank, and relieves them of their posts by Royal decree in accordance with the explanations included in the law. Ministers and heads of independent departments are responsible before the prime minister for the ministries and departments which they supervise.

Article Fifty-nine: The law defines the rules of the civil service, including salaries, awards, compensations, favours and pensions.

Article Sixty: The King is the commander-in-chief of all the armed forces. He appoints officers and puts an end to their duties in accordance with the law.

Article Sixty-one: The King declares a state of emergency, general mobilisation and war, and the law defines the rules for this.

Article Sixty-two: If there is a danger threatening the safety of the Kingdom or its territorial integrity, or the security of its people and its interests, or which impedes the functioning of the state institutions, the King may take urgent measures in order to deal with this danger. And if the King considers that these measures should continue, he may then implement the necessary regulations to this end.

Article Sixty-three: The King receives Kings and Heads of State. He appoints his representatives to states, and he receives the credentials of state representatives accredited to him.

Article Sixty-four: The King awards medals, as defined by regulations.

Article Sixty-five: The King may delegate prerogatives to the Crown Prince by Royal decree.

Article Sixty-six: In the event of his travelling abroad, the King issues a Royal decree delegating to the Crown Prince the management of the affairs of state and looking after the interests of the people, as defined by the Royal decree.

Article Sixty-seven: The regulatory authority lays down regulations and motions to meet the interests of the state or remove what is bad in its affairs, in accordance with the Islamic Shari'ah. This authority exercises its functions in accordance with this law and the laws pertaining to the Council of Ministers and the Consultative Council.

Article Sixty-eight: A Consultative Council is to be created. Its statute will specify how it is formed, how it exercises its powers and how its members are selected.

Article Sixty-nine: The King has the right to convene the Consultative Council and the Council of Ministers for a joint meeting and to invite whoever he wishes to attend that meeting to discuss whatever matters he wishes.

Article Seventy: International treaties, agreements, regulations and concessions are approved and amended by Royal decree.

Article Seventy-one: Statutes are to be published in the Official Gazette and take effect from the date of publication unless another date is specified.

Chapter Seven

Financial Affairs

Article Seventy-two:
(a) The statute explains the provisions concerning the state's revenue and its entry in the state's general budget.

(b) revenue is entered and spent in accordance with the rules specified in the statute.

Article Seventy-three: Any undertaking to pay a sum of money from the general budget must be made in accordance with the provisions of the budget. If it is not possible to do so in accordance with the provisions of the budget, then it must be done in accordance with Royal decree.

Article Seventy-four: The sale, renting or use of state assets is not permitted except in accordance with the statute.

Article Seventy-five: The statutes will define the monetary and banking provisions, the standards, weights and measures.

Article Seventy-six: The law will fix the state's financial year and will announce the budget by way of a Royal decree. It will also assess the revenues and expenditure of that year at least one month before the start of the financial year. If, for essential reasons, the budget is not announced and the new financial year starts, the budget of the previous year will remain in force until the new budget is announced.

Article Seventy-seven: The competent body will prepare the state's final statement of account for the passing year and will submit it to the head of the council of ministers.

Article Seventy-eight: The same provisions will apply both to the budgets of the corporate bodies and their final statements of account and to the state's budget and its final statement of account.

Quelle: The Basic System of Rule, ar-Riyāḍ 1992

Chapter Eight

Control Bodies

Article Seventy-nine: All the state's revenues and expenditures will come under subsequent control and all the state's movable and immovable funds will be controlled in order to confirm the good use of these funds and their preservation. An annual report will be submitted on this matter to the head of the Council of Ministers. The law will define the competent control body and its obligations and prerogatives.

Article Eighty: government bodies will come under control in order to confirm the good performance of the administration and the implementation of the statutes. Financial and administrative offences will be investigated and an annual report will be submitted on this matter to the head of the Council of Ministers. The law will define the competent body in charge of this and it's obligations and prerogatives.

Chapter Nine

General Provisions

Article Eighty-one: The implementation of this law will not prejudice the treaties and agreements signed by the Kingdom of Saudi Arabia with international bodies and organisations.

Article Eighty-two: Without violating the content of Article Seven of this law, no provision of this law whatsoever may be suspended unless it is temporary such as in a time of war or during the declaration of a state of emergency. This temporary suspension will be in accordance with the terms of the law.

Article Eighty-three: This law may only be amended in the same way as it was promulgated.

The Shura Council Statute

Article One: In accordance with the words of Almighty God: "It was by some mercy of God that thou wast gentle to them; hadst you been harsh and hard of heart, they would have scattered from about thee. So pardon them, and pray forgiveness for them, and take counsel with them in the affair, and when thou art resolved, put thy trust in God; surely God loves those who give their trust";

And in accordance with the words of almighty God: "And those who answer their Lord, and perform the prayer, their affairs being counsel between them, and they expend of that we have provided them";

And following (the tradition of) the Prophet of God, may the prayers and blessings of God be upon Him, in consulting his companions, and in inciting the ummah to engage in consultations, the Shura Council is created, and it exercises the tasks entrusted to it in accordance with this Statute and the Basic Law of Government, with commitment to the Book of God and the tradition of His Prophet, and maintaining the ties of brotherhood and co-operation in kindness and piety.

Article Two: The Shura Council is founded on adherence to God's bonds, and commitment to the sources of Islamic urisprudence. The council members will be committed to serving the public interest, preserve the unity of the community of Muslims, the entity of the state and the interests of the ummah.

Article Three: The Shura Council is composed of a chairman and sixty members chosen by the King from amongst scholars and men of knowledge and expertise, and the rights and duties of members and all their affairs are defined by a Royal decree.

Article Four: A member of the Shura Council must meet the following conditions:

(a) He must be a Saudi national and residing in Saudi Arabia.

(b) he must be known to be good and competent.

(c) he must be no less than thirty years old.

Article Five: A member of the Shura Council may submit an application to be relieved of membership of the Council to the chairman of the Council, and the latter will submit this to the King.

Article Six: If a member of the Shura Council fails the duties of his work, he should be investigated and tried in accordance with rules and measures to be issued by a Royal decree.

Article Seven: If a post of member of the Shura Council becomes vacant for any reason, the King chooses the person who replaces him and issues a Royal decree in this connection.

Article Eight: A member of the Shura Council is not allowed to use his membership for his own interests.

Article Nine: It is not permitted to combine membership of the Shura Council and any other government post or to manage any other company unless the King sees fit that there is a need for this.

Article Ten: The chairman, his deputy and the Secretary-general of the Shura Council are appointed and relieved of their posts by Royal decrees; their salaries, rights, duties and all their issues are defined by a Royal decree.

Article Eleven: Before starting their duties on the council, the chairman, members and the Secretary-general of the Shura Council should take the following oath before the king:

"I swear by God Almighty to be loyal to my religion, then to my King and country; I swear not to divulge any of the state's secrets; I swear to protect its interests and its systems and to carry out my duties with sincerity, integrity, loyalty and justice."

Article Twelve: Riyadh is the headquarters of the Shura Council. The Council may meet in another area inside the Kingdom of Saudi Arabia if the King deems it necessary.

Article Thirteen: The period of the Shura Council will be four Hijrah years starting from the date specified in the Royal decree issued regarding its establishment. A new Council will be formed at least two months before the end of its predecessor's term. In the event of the term ending before the formation of a new Council, the outgoing Council will continue to function until a new Council is formed. When a new Council is formed, it has to be observed that new members must be selected, whose number must not be less than half of the total number of council members.

Article Fourteen: The King or whoever deputises for him will deliver annually a Royal speech at the Shura Council on the state's internal and external policy.

Article Fifteen: The Shura Council will express opinions on the general policy of the state, which will be referred to it by the Council of Ministers. In particular, it can do the following:

(a) Discuss the general plan of economic and social development.

(b) Study international laws, charters, treaties and agreements, and concessions and make appropriate suggestions regarding them.

(c) Interpret laws.

(d) Discuss annual reports submitted by ministries and other government bodies, and make appropriate suggestions regarding them.

Article Sixteen: The Shura Council's meeting will not be considered in order without the attendance of at least two-thirds of its members, including the chairman or who-ever deputises for him. Decisions will not be in order unless they are approved by a majority in the Council.

Article Seventeen: The decisions of the Shura Council will be submitted to the chairman of the Council of Ministers for deliberation. If the views of both Councils are concordant, they will be issued following the King's consent; if the views are different, the King has the right to decide what he deems fit.

Article Eighteen: International treaties, agreements, orders and concessions are issued and amended by Royal decrees after being studied by the Shura Council.

Article Nineteen: The Shura Council will form, from amongst its members the specialised committees necessary to exercise its jurisdiction. It can form special committees from amongst its members to discuss any question on its agenda.

Article Twenty: The committees of the Shura Council can enlist the help of anyone outside the members of the Council upon the consent of the chairman of the Council.

Article Twenty-one: The Shura Council has a general body consisting of the chairman of the Council, his two deputies and the heads of the specialised commitees.

Article Twenty-two: The chairman of the Shura Council has to submit to the Chairman of the Council of Ministers requests to summon any government official to the meetings of the Shura Council when it discusses matters relating to that official's jurisdiction. The official will have the right to debate but not the right to vote.

Article Twenty-three: Every ten members of the Shura Council have the right to propose a new draft law or amendment of an executive law and submit them to the chairman of the Shura Council; the chairman should submit the proposal to the King.

Article Twenty-four: The chairman of the Shura Council should submit a request to the prime minister to provide the Council with statements and documents in the possession of the government apparatus which the council believes are necessary for facilitating its work.

Article Twenty-five: The chairman of the Shura Council will submit an annual report to the King on its work in accordance with the Council's internal regulations.

Article Twenty-six: Civil service systems will apply to the employees of the Council's apparatus unless the internal regulations state otherwise.

Article Twenty-seven: The Shura Council is to be allocated a special budget by the King; it will be spent in accordance with rules to be issued by a Royal decree.

Article Twenty-eight: The Shura Council's financial matters, financial control and final statement of accounts are to be organised in accordance with special rules to be issued by a Royal decree.

Article Twenty-nine: The internal regulations of the Shura Council define the prerogatives of the chairman of the Shura Council, his deputy, the Council's Secretary-general, the Council's apparatus, methods of holding its sessions, management of its work and the work of its committees and method of voting; the regulations also define rules of debates, ethics of responses and other such matters that could provide restraint and discipline inside the Council, as it should practice its prerogatives for the good of the Kingdom and the probity of its people; these regulations are to be issued by a Royal decree.

Article Thirty: The amendment of this law can be carried out only through the (same) method by which it was promulgated.

Quelle: The Basic System of Rule, ar-Riyāḍ 1992

Promulgation of the Four Royal Decrees on the Council of Ministers and the Consultative Council

Four Royal decrees were issued on Friday 20th August 1993 setting out new laws governing the responsibilities of the Council of Ministers, establishing the consultative council and detailing the council's powers, responsibilities, limitations and the obligations of members.

In the name of God, the merciful, the Compassionate. Number A-13 dated 3rd Rabi al-Awwal 1414 AH (corresponding to 20 August 1993). With the aid of God; having taken cognizance of the basic law of Government issued by the royal decree No A-90, dated 27th Sha'ban 1412 AH (March 1992)and having taken cognizance of the Council of Ministers statue issued by Royal decree No 38 dated 22 Shawal 1377 AH (May 1958) and its amendments and having taken cognizance of the Consultative Council's statute issued by Royal decree A-91 dated 27th Sha'ban 1412 AH and having taken cognizance of Royal decree No M-23 dated 26 Sha'ban 1412 AH; we, Fahd Ibn Abd al-Aziz Al Sa'ud of the Kingdom of Saudi Arabia order the following:

1) To issue the statute of the Council of Ministers in the form attached herewith.

2) This statute will replace the Council of Ministers Statute issued by Royal Decree No 38 dated 22 Shawwal 1377 AH and its amendments.

Ibn Jubair heads 60-member Consultative Council

Following are the names of the members of the Consultative Council (Shoura). The term of the Shoura comprising the president and the members will be for four years with effect from Rabiul Awwal 3, 1414H (Aug. 20, 1993):

Sheikh Muhammad ibn Ibrahim ibn Jubair (President)

Dr. Hamoud ibn Abdul Aziz Al-Badr (Secretary General)

1. Dr. Abdullah ibn Omar Naseef (Vice President)
2. Ibrahim ibn Qadhi Al-Qadhi
3. Lt. Gen. (Rtd) Ibrahim ibn Muhammad Al-Fars
4. Ibrahim Abdul Fatah Galedan
5. Ahmad ibn Hamd Al-Yahya
6. Dr. Ahmad Sir Mubarakl
7. Dr. Osamah ibn Abdullah Khayat
8. Bakri Saleh Shata
9. Toufiq Ibrahim Toufiq
10. Dr. Jameel ibn Abdullah Al-Jishshi
11. Maj. Gen. (Rtd) Jameel Muhammad Ali Al-Meiman
12. Hamad ibn Muhammad Al-Faryan
13. Khaled ibn Muhammad Al-Gosaibi
14. Dr. Reda Muhammad Saeed Obaid
15. Dr. Zahir ibn Awwadh Al-Almaie
16. Dr. Zohair Ahmad Al-Sibaie
17. Eng. Zohair Hamid Hussein Fayez
18. Dr. Ziyad ibn Abdul Rahman Al-Sudairi
19. Dr. Saeed ibn Muhammad Al-Melees
20. Sulaiman ibn Abdul Rahman Al-Saleh
21. Dr. Saleh Zaini Al-Sheibi
22. Dr. Saleh ibn Saud Al-Ali
23. Sheikh Saleh ibn Abdul Rahman Al-Mazrooa
24. Sheikh Saleh ibn Abdullah ibn Hemaid
25. Dr. Saleh ibn Abdullah Al-Malik
26. Dr. Abdul Rahman ibn Ahmad Al-Jaafari
27. Dr. Abdul Rahman Al-Tayeb Al-Ansari
28. Dr. Abdul Rahman ibn Saleh Al-Shubaili
29. Abdul Rahman ibn Abdullah Aba Al-Khail
30. Dr. Abdul Aziz ibn Ibrāhim Al-Fayez
31. Abdul Aziz Ahmad Al-Rifai
32. Dr. Abdul Aziz Al-Ali Al-Naim
33. Abdul Aziz ibn Muhammad Abu Malha
34. Maj. Gen. Abdul Aziz ibn Muhammad ibn Abdul Mohsen Alè Al-Sheikh
35. Abdul Qader Hamzah Koshek
36. Abdullah ibn Hamd Al-Qarawi
37. Dr. Abdullah ibn Abdul Aziz Al-Munifi
38. Dr. Abdullah ibn Abdul Mohsen Al-Sultan
39. Abdul Latif ibn Hamad ibn Muhammad Al-Jabr
40. Dr. Ali ibn Ibrahim Al-Namla
41. Dr. Ali ibn Talal Al-Jehani
42. Ali Abdullah Al-Juffali
43. Omran ibn Muhammad ibn Yusef Al-Omran
44. Dr. Faleh ibn Zaid Al-Faleh
45. Dr. Fahd Al-Orabi Al-Harithy
46. Faisal Ahmad Zaidan
47. Maj. Gen. (Rtd) Kamal Siraj Al-Din Al-Margalani
48. Dr. Muhammad ibn Ibrahim Al-Jarallah
49. Dr. Muhammad Al-Ahmad Al-Rashid
50. Muhammad Ahmad Yusef Zainal
51. Dr. Muhammad ibn Abdul Aziz Al-Mauammar
52. Muhammad ibn Abdullah Al-Hemid
53. Sheikh Muhammad ibn Abdullah Al-Salim
54. Muhammad ibn Abdullah Al-Sharif
55. Muhammad ibn Abdullah Al-Galiqah
56. Muhammad ibn Abdullah Al-Nafee
57. Dr. Mansur Ibrahim Al-Hazemi
58. Dr. Mansur ibn Muhammad Al-Nuzha
59. Dr. Nizar Obaid Madani
60. Dr. Hashim Abdu Hashim

Quelle: Aktueller Informationsdienst Moderner Orient 18/93

Provincial system in a year

RIYADH, Sun. (SPA)

IN line with the requirements of public interest and the desire to achieve the State's goals pertaining to the upgrading of the performance of the government organs at different parts and to develop them in a manner befitting the development achieved by the state, the Custodian of the Two Holy Mosques, King Fahad, announced the Provincial system according to the following draft.

The system will be put into effect within one year from its publication. It will be published in the official Gazette.

Article 1: This system aims at upgrading the level of the administrative work and development in all parts of the Kingdom. It also aims at the preservation of security and order, the rights of citizens and their freedom in the framework of the Islamic Sharia.

Article 2: The Kingdom's regions and the headquarters of each Governorate shall be approved by a Royal Decree upon the recommendation of the Minister of the Interior.

Article 3: Each Province shall be made of a number of Governorates, Districts and Centres. This division shall take into consideration the population, the geography, security, environment, and transportation means in each region. The organisation of the Province shall be according to a Royal Decree, upon the recommendation of the Minister of the Interior. The Districts and Centres shall be organised according to a resolution to be issued by the Minister of the Interior and upon the proposal to be made by the Governor of the Province.

Article 4: Each Province shall have a Governor with the rank of a Minister and shall have a Deputy at the Excellent Grade, who shall assist the Governor in the discharge of his work, and act for him during his absence. Governors and their Deputies shall be appointed and relieved by a Royal Decree upon the recommendation of the Minister of the Interior.

Article 8: An annual meeting will be held for Province Governors, under the chairmanship of the Minister of the Interior, to discuss issues pertaining to the Provinces and the Minister of the Interior will submit a report on it to the Prime Minister.

Article 9: The Governor of each Province will hold a meeting for rulers of Governorates and Directors of Districts at least twice a year to discuss the affairs of the Province. The Governor will submit a report on the outcome to the Minister of the Interior.

Article 10: (A) One or more Deputy Governors will be appointed for each Province, at an administrative grade not less than the 14th Grade, with Cabinet resolutions, according to the recommendation of the Minister of the Interior.

(B) Each Governorate will have a Governor, whose administrative grade will not be less than the 14th grade. He will be appointed by the Prime Minister's order and according to the recommendation of the Minister of the Interior. Each Governorate will have a Deputy Governor, whose administrative grade will not be less than the 12th. He will be appointed by an Interior Minister's decision and according to the recommendation of the Province's Governor.

(C) Each District will have a Director, whose administrative grade should not be less than the 8th. He will be appointed by the Minister of the Interior according to the recommendation of the Province Governor.

(D) Each Centre will have a Chairman, whose administrative grade should not be less than the 5th. He will be appointed by the Province Governor according to the recommendation of a Governorate ruler.

Article 11: Province Governors, Governorate Governors, District Directors and Centre Chairmen will preside at their place of work and should not leave it without permission from their superiors.

Article 12: Governorate Governors, District Directors and Centre Chairmen will perform their duties within the administrative framework of their assignments and the limits of the authorities invested in them.

Article 13: Governorate Governors should run their Governorates within the framework of the specialisations outlined in the Seventh Article with the exception of provisions F, I and J of this article. They will control the work of District Directors and Centre Chairmen affiliated to them and make sure of their efficiency. They will submit regular reports to the Province Governor on the performance of public services and other Governorate affairs according to the executive regulations of this system.

Article 14: Every Ministry or government authority serving the Province must appoint a Chairman of its branches in the province with an administrative grade not less than the 12th. He will be directly linked with the central authority and should coordinate his work with the Province Governor.

Article 15: Each province will have a Provincial Council at the province headquarters.

Article 16: The Province council will comprise :

A- The Province Governor as Chairman of the Council

B - The Vice-Governor of the Province as Deputy Chairman of the Council.

C - The Deputy Governor of the Province and the Governors of the Governorates .

D - The heads of government authorities named by the Prime Minister in the Province, according to the recommendation of the Minister of the Interior.

E - At least 10 well qualified and experienced citizens will be appointed by the Prime Minister, according to the recommendation of the Province Governor and pursuant on the approval of the Minister of the Interior. Their membership will last for four years and will be renewable.

Article 17: Members of the council must be a Saudi, born and raised in the Kingdom, known for his efficiency and righteousness, not younger than 30 and living in the Province.

Article 18: A member can submit written proposals to the Province Council's chairman, if it is related to the council's affairs. The chairman will include every proposal in the council's agenda to be studied.

Article 19: A Province Council member should not attend the discussions of the council or its committees, if the issue is related to a personal interest of his, the interest of someone the member cannot testify for or if he is a guardian or a deputy of somebody who has a personal interest.

Article 20: If an appointed member wishes to resign, he should submit a request to this effect to the minister of the interior through the province governor. The resignation will not be considered effective unless the prime minister approves, according to the recommendation of the minister of the interior.

Article 21: In circumstances not mentioned in this system, an appointed member can not be sacked before the end of his term except with an order from the prime minister, according to the recommendation of the minister of the interior.

Article 22: In case a member's seat becomes vacant for any reason, another member would be appointed within three month. The term of office of the new member would be the remaining period of his predecessor's term as stated in item of Article 16 of this system.

Article 23: The province council will study all elements aiming at upgrading services in the province and perform the following duties.

A. Determining the needs of the province and suggesting including them in the state development plan.

B. Determining the useful projects according to their priorities and proposing their approval in the annual state budget.

C. Studying the organisational plans of the province's cities and villages and following up their implementation after approving them.

D. Following up the implementation of clauses of the development plan and budget related to the province.

Article 24: The province council will propose any useful work for the citizens of the province and encourage citizens to participate in it. It will also submit a report on it to the minister of the interior.

Article 25: The province council will be prevented from probing any issue different from its specialisations named in this system. Its resolutions on such issues would be null and void and the minister of the interior would issue a decision to this effect.

Quelle: Informationsdienst Moderner Orient 6/92

Fahd announces Provincial System

JEDDAH, Sept. 16 (SPA) — Custodian of the Two Holy Mosques King Fahd today announced the rules and regulations of the Provincial System aimed at boosting the administration and development of the country's 13 provinces.

The new announcement comes in the wake of King Fahd's continuing administrative reform programs for the welfare of citizens. Last month, he announced the rules and regulations of the Consultative Council (Shoura) and the new Council of Ministers System.

King Fahd today issued three royal decrees including the one making some amendments in the provincial system. Another decree appointed Dr. Suhail Qadi as a new member of the Shoura while the third one named the new provinces and their headquarters.

Interior Minister Prince Naif disclosed today that King Fahd would announce within a few days the names of provincial council members. "This shows the king's keenness to quickly implement the system," he added.

Prince Naif said the new provincial rules and regulations would be beneficial to citizens and improve the performance of government departments in various provinces.

"King Fahd had asked to revise some articles of the system in order to increase the services to citizens," he said referring to the amendments in the provincial system.

Provinces have been divided into administrative districts Group A and B and sub-districts Group A and B replacing the former classification of administrative districts, counties and sub-districts.

"The revised classification gives greater flexibility in the organization of provinces," he said.

He said the provincial councils would be composed of the governor and vice governor of province, undersecretary of the governorate, heads of the concerned government departments and a number of citizens.

However, he pointed out that the councils were allowed to call outsiders including Muhafizs to attend their meetings.

Following is the text of the rules and regulations of the Provincial System issued in Jeddah on Thursday:

Article 1: This system is aimed at improving the standard of administrative and developmental activities in the Kingdom's provinces. It is also aimed at ensuring security and order as well as rights and freedom of citizens in the framework of Shariah.

Article 2: The provinces and their headquarters shall be determined through a royal decree on the basis of the recommendation of the interior minister.

Article 3: Each province shall be composed of — for administration purpose — a number of districts, Group A and B, and their sub-districts. They shall be formed on the basis of demographic, geographic, security, environmental and communication factors. The administrative districts will be under the governor of the province and will be organized as per royal decree on the basis of the recommendation of the interior minister. The establishment and linkage of the sub-districts will be decided by the interior minister as per the recommendation of the governor of each province.

Article 4: For each province there shall be a governor with the grade of a minister and will have a vice governor with a distinguished grade to assist the governor in his work and act in his absence. The appointment and dismissal of governors and vice governors will be done through royal decrees and as per the recommendation of the interior minister.

Article 5: The governor of the province shall be responsible to the interior minister.

Article 6: The governor and the vice governor shall take the following oath in front of the king before resuming their duties: "I swear by Allah the Almighty that I will be sincere to my religion then to the royal family and my country, that I will not disclose any state secret and I will protect its interests and systems and I will carry out my duties with truth, faithfulness, sincerety and justice."

Article 7: The governor of a province shall take up its administration, in accordance with the general policy of the state and the rules and regulations of this system and other systems, especially the following:

A) Maintain security, order and stability, take necessary steps for it, in accordance with the rules and regulations.

B) Implement judicial judgments after they acquire their final form.

C) Guarantee the rights of individuals and their freedom and not to take any step affecting those rights and freedoms except within the limits prescribed by religion and law.

D) Work for the social, economic and cultural development of the province.

E) Work for the development of public services in the province and to boost their efficiency.

F) Administer the administrative districts (muhafaza) and sub-districts, monitor works of the governors of those districts and heads of the sub-districts and ascertain their efficiency in discharging duties.

G) Preserve the property and belongings of the state and prevent encroachment upon them.

H) Supervise the government departments in the province and their employees, to ensure that they discharge their duties properly and sincerely, coordinate the work of the employees of different ministries and services in the province with their competent authorities.

I) Directly contact the ministers and heads of services and discuss the affairs of the province with them, with the objective of raising the efficiency and performance of the departments connected with them, and informing the minister of interior with it.

J) Present annual reports to the minster of interior about the efficiency and performance of the public services in the province and other matters of the province, in accordance with the executive regulation of this system.

Article 8: An annual meeting of the governors of the provinces shall be held under the chairmanship of the interior minister to discuss the matters related to the provinces. The interior minister will present a report of that meeting to the prime minister.

Article 9: Administrative district muhafiz shall meet at least twice a year under the chairmanship of the governor of the province to discuss the affairs of the province. The governor shall present a report of it to the interior minister.

Article 10: A) One or more undersecretaries shall be appointed to every province with grades not less than 14 as per a decision of the Council of Ministers, on the basis of a recommendation from the minister of interior.

B) Each administrative district of A category will have a governor (muhafiz) whose grade will not be less than 14. He shall be appointed as per an order of the prime minister, on the basis of a recommendation from the minister of interior and it shall have an undersecretary whose grade will not be less than 12 who will be appointed as per an order of the minister of interior, on the basis of a recommendation from the governor of the province.

C) Every administrative district of the B category shall have a muhafiz whose grade will not be less than 12. He shall be appointed as per an order of the minister of interior, on the basis of a recommendation from the governor of the province.

D) Each sub-district of A category shall have a head whose grade will not be less than 8. He shall be appointed by the minister of interior, on the basis of a recommendation from the governor of the province.

E) Each sub-district of B category shall have a head whose grade will not be less than 5. He shall be appointed as per an order of the governor of the province.

Article 11: Governors of provinces and administrators of districts and heads of the sub-districts shall stay at the place of their work and should not leave the area of their work except with the permission of the direct boss

Article 12: Governors of districts and heads of sub-districts shall take up their duties within their administrative zones and within the limits of their jurisdictions.

Article 13: Administrators of districts shall function within the jurisdictions specified in Article 7, with the exception of the provisions of sections F,I and J of that article. They shall monitor the works of the heads of sub-districts under them, ascertain their efficiency in discharging duties and present periodical reports to the governor of the province about the efficient performance of the public services and other matters of the district, in accordance with the executive regulations of this system.

Article 14: Each ministry or government agency in the province shall appoint heads of departments in the province whose grade will not be less than 12. He will be directly connected with the central department. He has to coordinate with the governor of the province in the field of his work.

Article 15: In every province a council will be set up. It will be called the provincial council. Its headquarters will be at the headquarters of the governorate.

Article 16: The Provincial Council will comprise

A) Governor of the province as the chairman

B) Vice governor of the Province as vice

chairman

C) Governorate undersecretary

D) Heads of the government departments in the province which will be defined by an order of the prime minister, on the basis of a recommendation from the minster of interior.

E) Not less than 10 natives of the province with knowledge, experience and specialization. They shall be appointed as per order of the prime minister, on the basis of a nomination by the governor of the province and approval by the Minister of Interior. Their membership will be for four years which is renewable.

Article 17: The member of the council shall fulfill the following conditions;

A) He should be Saudi national by descent and birth.

B) Should be known for righteousness and efficiency

C) Should not be less than 30 years of age.

D) Should be domicile of the province.

Article 18: A member is entitled to put forth suggestions to the chairman of the Provincial Council in writing in matters coming under its jurisdiction. The chairman shall include all the suggestions on the agenda of the council for review and study.

Article 19: It is not permissible for the member of the council to attend the deliberations of the council or its committees if the matter pertains to his personal interest or the interest of those people in whose cases his testimony will not be accepted or if he is the guardian, caretaker or agent of those who have interests in it.

Article 20: If the appointed member wants to resign, he shall submit it in writing to the minister of interior through the governor of the province. His resignation shall not come into effect until the approval of the prime minister on the recommendation of the minister of interior.

Article 21: Except under the conditions specified in this system, it is not permissible to dismiss an appointed member during his term except by an order from the prime minister on the basis of a recommendation by the minister of interior.

Article 22: In case the seat of any member falls vacant for any reason, a substitute shall be appointed within three months. The period of membership of the substitute member shall be the period remaining from the term of his predecessor. It is in accordance with the provisions in section E of Article 16 of this system.

Article 23: The Provincial Council will be competent to study all matters which would boost the standard of services in the province, especially to

A) Define the needs of the province and suggest their inclusion in the Kingdom's development plan.

B) Define useful projects in accordance with their priority and propose their sanction in the Kingdom's annual budget.

C) Study the regulative plans of the towns and villages of the province and follow up their implementation after their approval.

D) Follow up the implementation of the development plan and budget of the province and coordinate accordingly.

Article 24: The council will propose any work of general benefit for the people of the province, encourage participation of the citizens in it and present it to the minister of interior.

Article 25: It is prohibited for the council to consider any subject outside the jurisdictions specified under this system. Its decisions will be null and void if it exceeds it. The minister of interior will issue an order to that effect.

Article 26: The council shall hold an ordinary session every three months at the invitation of its chairman. The chairman can convene an extraordinary meeting of the council, if he finds it necessary.

A session includes the sitting or sittings which are held on the basis of one invitation. The session cannot be adjourned except after conclusion of the business on the agenda.

Article 27: Attending the meetings of the council is considered official duty of the members which have been specified in the sections C and D of Article 16 of this system. They shall have to attend in person. If they are off duty, those who are in charge will attend.

With regard to the members mentioned in section E of the said article, failure to attend two consecutive sessions without an acceptable reason shall entail their removal from the council. In this case, it is not permissible to appoint that member to the council once again except two years after the date of the issuance of his removal order.

Article 28: The quorum of the Provincial Council shall be two-thirds of its members. Decisions shall be taken on the basis of absolute majority of the votes of the members of the council. In case of a tie, the casting vote of the chairman shall decide the issue.

Article 29: The Provincial Council can set up special committees, if required, to study any subject that comes under its jurisdiction and can also avail of the assistance of experts whom it deems suitable. It also can call outsiders whom it wishes, to attend the council meetings and participate in the discussions but they will not have the voting right.

Article 30: It is the interior minister's responsibility to convene the council meeting under his chairmanship at any place he wishes and he shall preside over the meetings attended by him.

Article 31: The convening of the Provincial Council shall not be allowed except at the invitation of either its president or vice president or by the directive of the interior minister.

Article 32: The council's chairman shall present a copy of its resolutions to the interior minister.

Article 33: The council's chairman shall inform the ministries and government departments of its resolutions concerning them.

Article 34: The ministries and government departments shall consider the resolutions of the provincial councils, as per sections A and B of Artcile 23 of this system. If a ministry or government department is not taking a council decision into consideration, it shall inform the council the reason for that and if the council is not convinced by those reason, the matter will be referred to the interior minister for presentation to the prime minister.

Article 35: Each ministry and its service departments shall inform the Provincial Council the projects to be implemented in the province as per the budget allocations soon after the announcement of the budget. They shall also inform the council the development plans for the province.

Article 36: Each minister and government department shall ask the opinion of the Provincial Council on subjects related to its jurisdiction in the province and the council shall express its opinion on them.

Article 37: The prime minister shall fix the remunerations of the council's chairman and members as per the recommendation of the interior minister, considering the communication and accommodation expenses.,

Article 38: The Provincial Council shall not be dissolved except by the order of the prime minister on the recommendation of the interior minister, and its members shall be appointed within three months after the dissolution. During the period of dissolution, the members mentioned in sections C and D of Article 16 of this system shall carry out its functions under the chairmanship of the governor of the province.

Article 39: The Provincial Council shall have a secretariat in the governorate of the province which shall handle the agenda and send invitations on the scheduled dates, record the discussions held during meetings, count votes, prepare reports of meetings, write the resolutions and the do the things required to control the meetings and record its decisions.

Article 40: The interior minister shall issue the required rules and regulations to implement this system.

Article 41: No change shall be made in this system except through the method it was issued.

Quelle: Informationsdienst Moderner Orient 20/93

Amendments

JEDDAH, Sept. 16 (SPA) — Custodian of the Two Holy Mosques King Fahd today issued the following royal decree after referring to the Provincial System and in the interest of the public.

Firstly: The following amendments were made in the Provincial System announced through a royal decree No. A/93 dated 27/8/1413H.

1) The third article will be altered to the following:

For administrative purpose, each province will be composed of a number of administative districts of A and B groups and sub districts of A and B groups. And this will be done in the light of demographic, geographic, security, environmental and communicational considerations. The administrative districts will be brought under the governor of the province and it will be organized on the basis of a royal decree as per the recommendation of the interior minister. The establishment and linkage of the sub districts will be decided by the interior minister as per the recommendation of the governor of the province.

2) The 10th Article will be altered to the following:

a) For each province one or more undersecretaries will be appointed with at least 14th grade and should be endorsed by the Council of Ministers as per the recommendation of the interior minister.

b) For each administrative district under Group A, a district governor with not less than 14th grade will be appointed by the Council of Ministers as per the recommendation of the interior minister. It will have an undersecretary with not less than 12th grade appointed by the interior minister as per the recommendation of the governor of the province.

c) For each administrative district under Group B, there will be a district governor with not less than 12th grade and will be appointed by the interior minister as per the recommendation of the governor of the province.

d) For each sub district under Group A, there will be a head with not less than eighth grade appointed by the interior minister on recommendation by the governor of the province.

e) For each sub district under Group B, there will be a head with not less than fifth grade, appointed by the governor of the province.

3) The 13th Article will be altered into the following:

The governors of the administrative districts are responsible for the administration of their respective districts as per the authority vested with them by Article 7, with the exception of the matters mentioned in the sections F,I and J of that article and they should supervise the activities of the heads of sub districts under them and ensure their competence in carrying out their duties and present regular reports to the governor of the province on public services and other affairs of the administrative district, as per the executive bylaw of this system.

4) The 37the Article will be altered as follows:

The prime minister will fix the remunerations of the provincial council president and members as per the recommendations of the interior minister, considering communications and accommodation expenses.

5) The word "county" and the words "directors of counties" from the Clause F of the 7th Article will be removed. Also the words "directors of the counties" should be removed from the 9th and 11th articles.

6) Clause C of the 16th Article will be altered into the following:

c) Undersecretary of the governorate.

7) A new 41th Article will be added with the following text:No change will be made in this system except following the method used for its issuance.

Secondly: This order will be published in the official gazette and will come into effect from the date of its issuance.

Quelle: Aktueller Informationsdienst Moderner Orient 20/93

Saudi ulema condemn memo addressed to king

TAIF, Sept. 17 (SPA) -- The Senior Ulema Council, the highest religious authority in the Kingdom, has condemned a memo that was addressed to Custodian of the Two Holy Mosques King Fahd by a group of "teachers and people working in the field of Islamic sciences" speaking about the status of the country and recommending means of reform.

A statement issued today by the council denied that Sheikh Abdul Aziz ibn Baz, the chairman of the council and head of the General Presidency of the Departments of Religious Research, Ruling, Call and Guidance, had blessed the said memo. "While condemning the so-called "memorandum of advice," the council affirms that this work runs contrary to the sincere advice as prescribed by Islam and which requires those who give it to be just in word and deed and to adhere to the teachings of Prophet Muhammad," the statement said.

The council called for ensuring amity and keeping away from all that could sow dissension, enmity and prejudice which could only cause harm.

Emphasizing the need for unity among Muslims, the statement said the nation "should be one group and should follow the footsteps of the righteous ancestors."

Following is a translation of the text of the statement duly signed by members of the board who attended the session:

The 39th session of the Senior Ulema Council being held in Taif looked into the memorandum of advice -- mudhakkira al-nasiha -- signed by a number of teachers and some people working in the field of Islamic sciences and submitted to Custodian of the two Holy Mosques King Fahd. The council also studied parts of the memorandum as published in some foreign papers along with the false allegation that Abdul Aziz ibn Abdullah ibn Baz, chief of the departments of religious research, ruling, preaching and guidance, approved and submitted it to King Fahd. The memorandum contained 10 items. Those who prepared the memorandum claimed they had portrayed the reality in the country as it prevails and had suggested something which they termed means of rectification.

After discussing the memorandum, the council decided to issue this statement denouncing the falsehood it contains and the method of preparing and publishing it. Those who prepared the memorandum have worked to promote the causes of

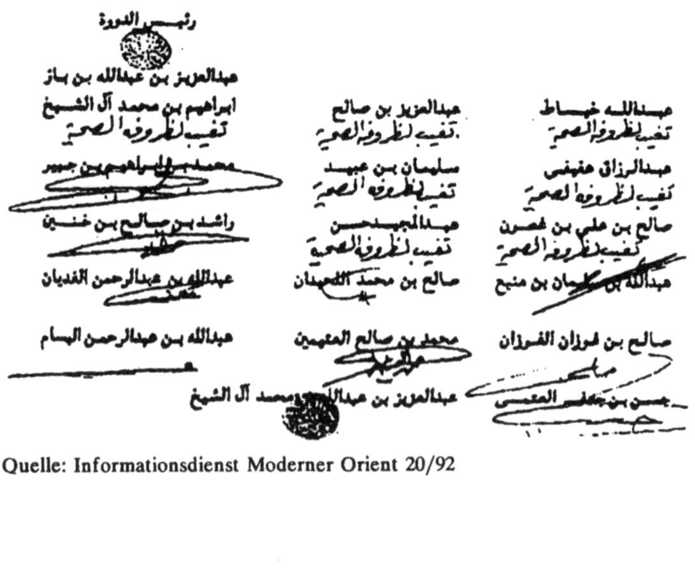

Quelle: Informationsdienst Moderner Orient 20/92

Bei Fragen zur Produktsicherheit wenden Sie sich bitte an:
If you have any questions regarding product safety,
please contact:

Walter de Gruyter GmbH
Genthiner Straße 13
10785 Berlin
productsafety@degruyterbrill.com